¡Auxilio!
Las redes sociales y mis hijos

¡Auxilio! Las redes sociales y mis hijos

1.ª edición, julio de 2017

D.R.©2017, Juan Pablo Arredondo
D.R.©2017, Ediciones B México, S.A. de C.V.
    Bradley 52, Anzures, CDMX, 11590, México.
    www.edicionesb.com.mx

ISBN: 978-607-529-204-5

Impreso en México | *Printed in Mexico*

Juan Pablo Arredondo

¡Auxilio!

Las redes sociales
y mis hijos

VERGARA

Barcelona · México · Bogotá · Buenos Aires · Caracas
Madrid · Miami · Montevideo · Santiago de Chile
2017

A MODO DE PRESENTACIÓN

¡Atención, papás! Leamos con detenimiento lo que Juan Pablo Arredondo, con su enorme experiencia, nos ha preparado en este libro sobre redes sociales, que nos tienen tan amenazados en relación con la seguridad de nuestros hijos.

JANNETT ARCEO
Conductora y actriz

Los valores que nos inculcaron nuestros padres son los mismos que les vamos a transmitir a nuestros hijos, sólo que ahora quizá lo debamos hacer en 140 caracteres. Arredondo nos ayuda a tender esos puentes entre el cuidado y el mundo digital.

ENRIQUE CAMPOS SUÁREZ
Conductor y analista

En todos estos años que tengo de trabajar con Juan Pablo, me ha sorprendido su forma de abordar y manejar los problemas que aquejan a nuestras familias. Este nuevo libro no es la excepción, porque en él nos presenta desde consejos para la vida en familia hasta medidas de seguridad que te harán dormir tranquilo. ¡Deja de preocuparte y ocúpate de la manera en que tus hijos se relacionan con el mundo a través de internet! Puedo confirmarles, papás, que Juan Pablo es un gran terapeuta, con quien tengo la fortuna de contar como especialista en mis publicaciones. Como en cada libro, en éste nos abre los ojos ante el mundo de la tecnología y sus peligros.

MARTHA DEBAYLE
Locutora y empresaria

Juan Pablo Arredondo es un psicólogo con carácter, intuición, y gran capacidad para entender los desafíos con los que los niños y jóvenes se enfrentan todos los días. *Auxilio. Las redes sociales y mis hijos* es un libro que nos da herramientas a los padres, para guiar a nuestros hijos en este mundo donde la inmediatez, el peligro, el materialismo y la mala información pueden afectar su rumbo.

Leerlo te abrirá los ojos en esta era digital.

GINA IBARRA
Conductora

CONTENIDO

7   A modo de presentación

1ᴬ PARTE

13   Introducción
15   Porqués y para qué
25   Objetivo del libro
29   Un vistazo a los significados
39   Breve historia de internet
       y nuevas tecnologías
45   Generaciones
53   Estadísticas
59   Redes sociales en internet
            Redes sociales genéricas u horizontales
            Redes sociales profesionales
            Redes sociales temáticas o de contenido
69   ¿Vida real vs. vida virtual?
            Ciberespacio, la calle en toda su extensión

2ᴬ PARTE

77   Uso y abuso de las redes
81   ¿Cómo influyen las redes sociales
       e internet en nuestro entorno?

85   Ventajas y desventajas de las redes sociales
91   Peligros y riesgos
99   Identificar lo negativo y
        trabajar los miedos
103   Un tema de límites,
        autoridad y contención

3ᴬ PARTE

121   Consultorio para padres
          Dudas
147   ¿Cómo mejorar las relaciones sociales
        y familiares a pesar de las redes sociales?
163   ¿Qué es normal
        y qué es anormal?
167   Aprender y enseñar a identificar
175   Ejercicio para poner límites

1ª PARTE
INTRODUCCIÓN

Porqués y para qué

No podemos negar que las nuevas tecnologías están invadiendo por completo nuestro entorno. Las redes sociales, los teléfonos celulares, las tabletas, las computadoras, las televisiones y todos los aparatos electrónicos están inundando por completo nuestra vida e incluso nuestras necesidades. No solamente es un asunto de mercado o meramente social o recreativo, sino que afecta en las dinámicas de las familias y a cada uno de sus integrantes.

Aún hay quien se reúsa un poco al uso de la tecnología y continúa adoptando posturas tal vez un poco más tradicionalistas, como continuar usando sólo el teléfono fijo o convencional, la carta en papel y enviada por correo tradicional.

Sin embargo, la realidad es que las nuevas tecnologías tienen eso y mucho más que, aunque algunas personas se reúsen a estos avances tecnológicos, lo cierto es que por sí solos nos van alcanzando y en muchos casos, hasta rebasando.

También hay muchas personas —adultos, sobre todo— quienes poco a poco se van integrando, y con cierta reserva, a los usos de los nuevos dispositivos tecnológicos. No es raro encontrar en algún restaurante o café a personas de la tercera edad o a alguna abuelita moderna, que trae un teléfono móvil y que se conecta a Facebook o diversas redes sociales para comunicarse con amigas de su edad.

En este sentido, es obvio que la edad no es prioritaria para usar un dispositivo de última tecnología. Por eso es que gente mayor se atreve a enfocar sus energías en aprender de los desarrollos del mundo. La tecnología día con día va permeando todas las áreas de nuestra vida y, evidentemente, de nuestro trabajo. La encontramos desde el mercado hasta las escuelas, y esto nos lleva a pensar y concluir que el tema de la tecnología, sus alcances y las redes sociales, definitivamente son un tema de hoy.

Además, como padres, amigos, tíos y profesores debemos saber que los pequeños, cada día a edades más tempranas, están conectados con la tecnología y los dispositivos electrónicos. La pregunta es si nosotros estamos preparados para ello.

Muchos chavitos de uno o dos años —y hasta de meses de edad— ya están absolutamente metidos en el mundo de la tecnología y saben manejar una tableta mejor que muchos adultos. El mundo de las pantallas es parte de una realidad.

Por eso, el uso de internet y de los dispositivos es prácticamente inevitable. Hay muchos procesos que ya no pueden ser llevados a cabo sin el mundo del internet o las pantallas. Algunos ejemplos serían los bancos y los estados de cuenta, pues ya no llegan de forma impresa, sino que, de requerirlo, debes pedirlo explícitamente así, pues la tendencia de hoy es que lo envíen a un correo electrónico.

También existen otros procesos que sólo se pueden lograr a través de las redes sociales, la tecnología y el internet, como realizar reservaciones en restaurantes, comprar boletos de avión, etcétera; trámites para los que ya no es necesario ni llamar por teléfono.

Entonces, por más que la gente mayor o tradicionalista no quiera perder dichas costumbres, la tecnología los alcanzará. Va más rápido que nosotros mismos, y si nosotros como adultos, como papás de hijos que corresponden a una nueva generación —y que es completamente diferente a la nuestra— no hacemos algo al respecto, nos vamos a perder en esta inmensidad de información.

Todos esos avances terminarán por abrumarnos y, a su vez, esto podrá tener una repercusión importante: ¿cuál es? Que no estemos preparados para enfrentar las problemáticas sociales que tengan nuestros hijos, y, por ende, no podamos manejarlas.

Hoy por hoy no se puede ser papá sin estar vinculado a la tecnología. No es un asunto de querer o no —a pesar de que te reúses—, porque, aunque seas un usuario activo o no, tus hijos están haciendo sus vidas a través de las redes. Es el mundo que les tocó vivir, donde están creciendo.

Es el mundo en el que se desenvuelven y aunque algunas personas intenten de pronto mantener a sus hijos alejados de esta tecnología, es prácticamente imposible porque si no lo viven contigo, lo vivirán con otras personas; lo viven en la escuela, lo viven con los compañeros, lo viven a través de sus tareas.

En muchas escuelas —incluso de educación primaria— están dejando tareas ya vía internet y hasta crean sus grupos de WathsApp; dejan trabajos y proyectos vía correo electrónico o a través de la página web del colegio; y aunque tú quieras decir: «No le voy a dar una computadora o, un celular a mi hijo o no le voy a dar acceso a ciertas redes sociales», de hacerlo, dejarías a tu hijo fuera de la jugada, e incluso el chico sería inoperante bajo estas condiciones.

El hecho de que nuestros hijos crezcan con este sistema diferente al de nosotros, hace que nos surjan un montón de dudas, inseguridades o miedos, porque en realidad no sabemos qué hacer con esto. Y no sabemos qué hacer, porque la realidad es que nosotros no tenemos esos referentes.

Nuestra infancia y adolescencia transcurrió de una manera totalmente diferente, y nuestras relaciones en la escuela o en la vida cotidiana eran completamente distintas. Entonces, pocas personas nos pueden ejemplificar las condiciones con las que hoy están viviendo nuestros hijos.

Cuando hemos intentado hacer comparaciones con un antes y un ahora, resultan muy cortas, no alcanzan, porque estamos en un esquema infinitamente desproporcionado a cualquier otra cosa que nosotros vivimos, aunque nos empeñemos en buscar comparar nuestras condiciones con las de ellos.

Los papás de hoy en día tenemos de 50 o 60 años para abajo, por lo tanto, el referente más cercano que tenemos ¡es sólo el teléfono! Y, aclaro: el teléfono fijo, el de casa, ni siquiera el inalámbrico. Ése era nuestro medio de comunicación con las amistades, el medio de comunicación con la novia, con el novio, era hasta común que nos regañaran por usar mucho. Hubo una época en que las llamadas se cobraban por minuto, entonces, ¡claro!, cada llamada, cada minuto, era incrementar la cuenta del teléfono.

Por lo tanto, nuestros padres nos obligaban a colgar rápido. Uno desarrollaba esa habilidad de decir las cosas pronto y sin rodeos, así fuera con las novias o los novios. En nuestra adolescencia el teléfono se utilizaba para mensajes importantes o en tono de emergencia, pues tenía que medir el tiempo en el que decías las cosas y no gastar más de la cuenta. Ademas, nuestras conversaciones podían ser escuchadas (por lo menos de nuestro lado) por las personas que estuvieran cerca de nosotros.

Después, pasamos al sistema de renta o pago mensual del teléfono y ahí sí teníamos libertad de hablar, pero nos enfrentamos a otro problema: si lo ocupabas demasiado tiempo, no podía entrar otra llamada y nadie más lo podía usar. Así que también debías colgar pronto. El teléfono tenía un uso específico y no esencial, muy diferente a lo que vivimos hoy en día con nuestros hijos y con las facilidades que nos ha otorgado la tecnología.

Insisto: me estoy metiendo en un terreno de la década de 1960 para acá, de los que somos papás sesenteros. Antes de esos años, pues tampoco teníamos más que el teléfono, ni tan buenas vías de comunicación a distancia.

A quienes nos tocó teléfono en casa, ésa era un poco la dinámica y era la forma de comunicarnos, otras formas eran por carta o personalmente.

Hoy esto ha cambiado considerablemente, pues por supuesto que hemos ido avanzando en algunas cosas en esta generación a la que me estoy refiriendo, pero nunca a la velocidad vertiginosa en que las tecnología se ha venido desarrollando. Por eso hoy por hoy el tema de intentar entender a nuestros hijos, intentar entender a esta generación o estas generaciones que son completamente tecnológicas, resulta muy complicado; y no por complicado es algo que tenemos que evitar o hacer a un lado; tenemos que tratar de entender y tratar de empaparnos.

Tenemos que tratar de involucrarnos no solamente en las tecnologías como tales, sino también en lo que de pronto resulte moderno, lo que esté en boga, de moda entre los chavos. Estamos viendo que muchos papás, con todo este ahínco de involucrarse, están —por ejemplo— empezando a inscribirse en redes como Facebook, Twitter, Instagram.

Eso está muy bien, sin embargo, los chavos cada día entran menos a Facebook, pues se ha convertido en una red más para jóvenes más grandes o adultos, que para chavos o adolescentes. Hay otras redes más visitadas por ellos —de las que hablaremos específicamente en este libro: papá, mamá, no te sientas cohibido— como Instagram o Snapchat, que tienen nuevas y quizá mejores funciones, que implica mostrar imágenes de su vida cotidiana, por ejemplo.

De todo esto evidentemente hablaremos un poquito más adelante, porque como siempre lo he dicho y lo he manejado en algunos de mis otros libros: una de las grandes, grandísimas complicaciones de los papás de siempre, es que a veces queremos manejar y hablar con nuestros hijos temas que no conocemos, y hablar de temas que no conocemos resulta difícil en éste y en cualquier otro caso.

Aunque el objetivo del libro no es el de realizar un tratado de redes sociales ni de tecnología o un tratado de las mejores y más famosas aplicaciones (*apps*), me parece que es importante que un papá al menos le pueda contestar a su hijo algo cuando le dice que está en Facebook o que está en WhatsApp, en Twitter, que tiene tantos *followers*, o que alguien lo está *hackeando* o que tiene un trol o que hay un meme circulando con su fotografía.

Todo esto es parte de lo de hoy, de la actualidad y la realidad que viven nuestros hijos. Si un papá no lo sabe, va a estar muy limitado y es por ello que vamos a utilizar una parte del libro para aclarar y explicar tanto el lenguaje al que nos enfrentamos con la tecnología como los recursos físicos (computadoras, pantallas), así como las aplicaciones.

Hablaremos un poco de internet, del ciberespacio y del mundo de las redes sociales, para que de alguna manera los papás puedan tener información y con eso puedan saber por dónde andan sus hijos.

Y para, que sepan, papas, qué es supervisar, que es parte del gran objetivo de este libro.

Por supuesto que no podemos prohibir el uso de tecnologías ni evitar que nuestros hijos tengan contacto con ello. Insisto, hay papás que se han reusado al uso de ciertas tecnologías y la propia escuela promueve este tipo de herramientas, donde ya no puedes tener la tarea si no es por alguna aplicación, etcétera; entonces, no se puede prohibir ni se puede evitar el contacto de la tecnología con los chavos, sería antinatural. Además, me parece que sería muy limitado porque estamos extrayendo a nuestros hijos completamente de lo que hoy por hoy se vive.

El comparativo que puedo hacer de esto es cuando en aquellas casas que no tenían teléfono, su uso, evidentemente, era muy limitado para la vinculación social, ya fuera a través del vecino que te lo prestaba.

Lo mismo, aunque con sus reservas, sucedía con los videojuegos. En un principio no significaba nada más que una actividad recreativa en casa, quizá con hermanos, vecinos o primos, pero después, vino el auge en los años 80 y más aún en los 90 de los videojuegos como Atari y Nintendo, y se fueron sofisticando. Los videojuegos eran, pues, una herramienta de convivencia.

Quizá tu hijo se iba a casa de algún amigo, pues en la suya no tenían videojuegos. En ese momento, nuestros padres —los papás de entonces, los abuelos ahora— de igual manera no entendían a lo que nos referíamos con esos juegos.

Si nuestros padres nos hubieran aislado, quizá habríamos quedado fuera de la jugada de nuestros «cuates» de la escuela, porque era parte de lo que a una generación le tocó vivir. Simplemente eso: lo que nos toca vivir.

Siempre he pensado que estos esquemas de prohibir —dejar fuera de la jugada a nuestros hijos—, estos esquemas de evitar todo desarrollo tecnológico, no deben aplicar. Pero tampoco debemos irnos al extremo de nunca supervisar ni controlar.

El concepto de restringir o controlar suelo utilizarlo de maneras distintas; tal vez es sólo una concepción mía, pero lo quiero compartir al lector, porque para mí restringir es utilizar una especie de estrategias distractoras en nuestros hijos.

Por ejemplo, para el vicio y la obsesión de las redes sociales, restringir implicaría involucrar a nuestros hijos en actividades como futbol, karate, pintura, ir a caminar, correr, jugar basquetbol, etcétera.

Este tipo de actividades haría que de manera directa (y sin confrontar o pelear) tu hijo no esté involucrado todo el tiempo con el mundo cibernético o las pantallas, sino que tenga la opción de generar distintas ideas a través de diversas actividades. Esto es lo que yo suelo utilizar como restringir y controlar. Hacer que nuestros hijos o familia usen de manera adecuada o mesurada la tecnología. Ninguna adicción le hace bien a alguien. Gran parte de la fórmula en esto y muchas cosas es ésta.

Utilizando una palabra un poquito más técnica, me refiero a la **CONTENCIÓN**, es decir, contener a los hijos del uso y del abuso de cualquier cosa. Recuerda que para contener no tengo que contener sólo la tecnología, tengo que contener la comida, los malos hábitos; tengo que contener a un chavo que se quiere dormir desde muy temprana edad a las 11 de la noche; más grandecitos entre

12 y 2 de la mañana... Si yo, como papá, no contengo el uso y el abuso de estos aparatos o de estas nuevas tecnologías, finalmente se nos van de las manos sin mecanismos de autocontrol.

He dicho con mucha frecuencia que si en algún momento un chavo no tiene autocontrol, por la razón que sea —tal vez por la edad, el interés, el gusto, la afición, la obsesión—, mi responsabilidad como padre es pararlo.

Yo tengo que detenerlo incluso en el exceso de ejercicio o de estudios. Si alguien está estudiando, estudiando y estudiando, y no se vincula con los demás, no quiere salir, no quiere tener ninguna relación social, hasta el estudio le tengo que frenar. En teoría el estudio es un asunto positivo. Lo mismo con el ejercicio. Si veo que mi hijo lo está haciendo de manera desproporcionada, también deberé pararlo.

Ahora, imagínate en situaciones negativas o no tan deseables, como el hecho de que un niño se obsesione con las tecnologías, y quiera estar 24 horas con eso, que no quiera hacer la tarea, hacer ejercicio, convivir o no quiera pasar más tiempo con la familia, es más, ya ni con sus vecinos, sólo por estar metido en el celular o la televisión. Éste es, evidentemente, un elemento que hay que frenar y contener.

Por eso se dice y se habla de que la fórmula en el uso de las tecnologías y las redes sociales no está en prohibir, no es evitar, sino más bien restringir, contener o frenar su uso para crear un uso moderado.

Todo lo que generalmente se utiliza, todo lo que generalmente abarca nuestra vida cotidiana tiene que implicar el uso moderado: «Ni tanto que queme al santo ni tanto que no lo alumbre», reza el dicho; es decir, todo exceso es malo.

El uso del internet, de las redes sociales, de las aplicaciones y del ciberespacio, no es el problema; el problema es el abuso que se pueda hacer de todo eso. Entonces, es importante que entendamos que tenemos que medir el uso, tenemos que hacer un uso saludable, un uso sano, un uso funcional, un uso deseable. Para eso he creado este libro; esta guía que te permitirá entender más las funciones y lo que ofrece hoy por hoy la tecnología. Una guía que te permita responder a tus inquietudes y saber cómo manejar con tus hijos las nuevas tecnologías de la informática y la comunicación.

Así, sabrás qué responderle a tu hijo cuando te diga que no desea dejar de usar WhatsApp o que tiene un trol... o saber el tiempo deseable que debe pasar frente a las pantallas...

Objetivo del libro

Como lo he comentado en otros libros, me asumo o describo como un terapeuta, un conferencista y un autor sumamente pragmático (práctico). Es decir: en este libro, más allá de irme a todos los esquemas teóricos, a la parte técnica y conceptual de las redes sociales y de las tecnologías, intento aterrizar el tema en nuestra realidad, en la vida cotidiana que viven los padres de familia en el día a día de sus hogares.

Tengo la oportunidad de establecer contacto con muchísimos papás, pacientes y otras tantas personas que trabajan con este tipo de temas día con día; o que trabajan con niños, jóvenes y adultos. He tenido la oportunidad también de estar en foros nacionales sobre el uso de tecnologías y el trabajo en contra del *bullying* y, en específico, del *ciberbullying*. Todo esto me llevó a la necesidad de generar un libro como éste, que permita a los papás aterrizar un poco en el mundo de la tecnología y que sepan qué hacer con sus hijos a este respecto y sobre todo, saber más o menos qué hacer con esto frente a diversas problemáticas para tener herramientas, estrategias y, ¿por qué no decirlo?, también datos.

Como padres debemos saber con qué se come este tema, qué se hace con todo esto. Si carecemos de referentes, nuestras comparaciones con lo que vivimos resultarán arcaicas y primitivas y quizá hasta ridículas, ¿no?

Si nosotros hablamos de que antes la comunicación entre dos jóvenes significaba ver que un chico, en el caso de las mujeres, te empezaba a frecuentar, a cortejar y luego tal vez iba a tu casa y se ponían a platicar en la sala o en la puerta de la casa, hoy eso para un chavo es completamente primitivo, pues ya se comunican por redes sociales y cientos de medios que tienen a su alcance. El pasado es como una película en blanco y negro para ellos, de las viejitas. Y frente a esos referentes perdemos incluso credibilidad frente a nuestros hijos o sobrinos, porque no tienen sentido para ellos, no van acorde a su realidad, estamos desfasados.

Lo anterior nos lleva a la necesidad de hacer un libro que responda a los cuestionamientos, dudas, inquietudes y también a los miedos que los papás enfrentan respecto a las nuevas tecnologías. Y no sólo a los papás, también a los maestros, tíos o abuelos que de pronto no saben qué hacer con todo esto.

Lo he dicho en reiteradas ocasiones: gracias a ser un escritor y terapeuta práctico, me permito compartir con ustedes lo que pienso que deben saber respecto de las tecnologías, aplicaciones, internet, ciberespacio, etcétera, y cómo logar un manejo deseable en casa.

Pero otro esquema fundamental de este libro y que le da el sustento necesario, es que también surge de las dudas y preguntas frecuentes que los padres tienen todos los días. Para ello, mi queridísimo lector, te hago saber que este libro sí surge realmente de las inquietudes de muchos padres, a través de un análisis detallado que se hizo a través de mis propias redes sociales, donde les pregunté a muchos papás qué es lo que querían saber respecto a este gran tema y en relación con sus hijos.

Para recabar todas esas inquietudes, les envié el siguiente mensaje: «Hola, Psiques: necesito de su valiosa ayuda. Estoy escribiendo mi sexto libro sobre redes sociales, internet, aplicaciones y dispositivos electrónicos. El objetivo es resolver todas las dudas que los padres tienen respecto a este tema con sus hijos, solicito que me hagan todas las preguntas que deseen y me digan todas sus dudas. Éste será el objetivo del libro, resolver sus dudas, sus preguntas. Anexen por favor la edad de sus hijos, serán partícipes de este nuevo proyecto. Si desean compartir con alguien esta solicitud para que me hagan llegar sus comentarios, con gusto los recibiré, muchas gracias y les garantizo que serán tomados en cuenta».

Sí te quiero decir, papá, mamá, que el número de respuestas fue enorme, que hubo muchas más intervenciones de las que yo esperaba. Inundaron —literalmente— mis redes sociales de comentarios, algunos de ellos a través de comentarios abiertos en Facebook, pero también en mensajes privados, donde me externaban situaciones muy particulares y, algunas de ellas, hasta alarmantes.

Cada una de las inquietudes fue atendida y será expuesta de diversas maneras en este libro. Su objetivo, ya lo decía, es acercarnos a la cotidianidad de este tema.

Tuve algunos casos delicados, por ejemplo: escribió una mamá que no sabía qué hacer cuando descubrió a su hijo con pornografía. «Mi hijo estuvo mandando videos y fotografías suyas desnudo». Otra me confesó que extorsionaron a su niño adolescente a través de las redes sociales.

Otra madre de familia aún más espantada, quien confesó que su familia fue víctima de un secuestro por información que salió de las redes sociales de su hijo. «No sé qué hacer con las diferencias de edades, no sé qué hacer con lo que se debe o no permitir, no sé qué hacer cuando veo que mi hijo se está metiendo a páginas pornográficas...», en fin, toda esta serie de dudas y muchas otras son las que vamos a tratar de ir resolviendo a lo largo de este libro.

Este libro se conformó con todas las inquietudes que estos padres de familia expusieron, y éste es el objetivo del libro: responder estas interrogantes, responder a las dudas más frecuentes que los padres de familia tienen respecto a todo esto, principalmente al uso de internet, redes, aplicaciones y dispositivos electrónicos como computadoras, teléfonos inteligentes, videojuegos y tablet.

Estimado lector, espero que este libro sea una herramienta para mejorar tu vida diaria y la de tus hijos, y que su relación con la tecnología sea sana. Comenzamos.

Un vistazo a los significados

Padres, madres, tíos, primos, abuelos y abuelas, es fundamental abordar rápidamente los términos que usaremos a lo largo del libro. Por eso he decidido incluir esta breve sección, en la que explico qué quiere decir cada concepto o cosa a lo que nos referiremos. No obstante, aclaro, que en algunos momentos utilizaremos muchos de estos términos de manera indistinta, debido a que no se trata de realizar un manejo técnico de los conceptos, sino práctico y coloquial que nos permita entender la situación.[1]

Acechar, acosar *(stalking)*
El verbo *stalk*, en inglés, quiere decir literalmente cazar al acecho o seguir los pasos a alguien.

Acoso *(Harassment, harassing)*
Acoso u hostigamiento, que puede ser de tipo sexual (importunar) o no.

Autenticación, autentificación
Medida de seguridad que permite comprobar la identidad y autenticidad de alguien o de algo.

---

1 Definiciones tomadas de http://e-legales.net/glosario-de-terminos/#G, página dedicada a cuestiones legales en internet. Consultado el 24 de abril de 2017.

Bloqueo

En el ámbito del control de acceso a internet, forma de impedir el acceso a un tipo de información determinada: un aweb, un mensaje de correo, un tipo de servicio, etcétera.

Bullying cibernético

Un *bully* es lo que en español se conoce como una persona que molesta, intimida o tiraniza a otra. *Bullying* es la palabra en inglés (usada también en español) que define este comportamiento entre los menores, habitualmente producido en el colegio o instituto, y que se podría traducir como intimidación, abuso o acoso. No reviste carácter sexual.

Ciberacoso

Acoso realizado principalmente mediante el uso de las nuevas tecnologías de información, especialmente internet. Más información en Ciberacoso.net.

Ciberbullying o *bullying* cibernético

Acción mediante la cual un menor atormenta, hostiga, amenaza, humilla o molesta a otro/a menor mediante el uso de internet, teléfonos móviles, videoconsolas online u otras nuevas tecnologías de la información. Más información en Ciberbullying.com. Hablaré más adelante de este tema.

Ciberdelito

Delito cometido con la ayuda de una computadora o pantalla. También se le considera ciberdelito a aquellos cometidos a través de una red social. También me ocuparé con más profundidad de este problemática.

Cracker

Hacker malicioso. Aquel que rompe la seguridad de un sistema.

Engaño, reclamo *(lure, luring).*

To lure en inglés significa atraer a alguien con una carnaza. Tiene el sentido de atraer, tentar, seducir, persuadir con mañas, hacer caer en una trampa... Se usa en el entorno de los pederastas en internet para hablar de su forma de convencer a los niños de que se encuentren con ellos fuera de la red.

Engatusar *(to groom, grooming)*

De forma literal, *gooming* significa acicalamiento o cepillado de un animal de compañía o de un caballo; en el ámbito de los pederastas se le ha dado el sentido de ganarse al/a niño/a fingiendo cariño. Más información en internet-grooming.net.

Flame, flaming

Mensaje incendiario enviado a un foro, lista de correo o tablón de mensajes para provocar y obtener una respuesta indignada de cualquiera de los participantes o de alguno/a en particular. En general, mensaje insultante u ofensivo.

Grooming

Acciones deliberadas por parte de un/a adulto/a de cara a establecer lazos de amistad con un niño o niña en internet, con el objetivo de obtener una satisfacción sexual mediante imágenes eróticas o pornográficas del menor o incluso como preparación para un encuentro sexual, posiblemente por medio de abusos. Se tratará con mayor atención este punto en páginas siguientes.

Googlear

Buscar a alguien en Google, a ver qué sale de él o ella, con fines de chisme o de investigación.

Hacker

Experto en un sistema informático. En ocasiones se usa impropiamente para referirse a los piratas informáticos (crackers).

Internet

De acuerdo con la Real Academia Española, red informática mundial, descentralizada, formada por la conexión directa entre computadoras mediante un protocolo especial de comunicación. Todo prácticamente lo que conocemos de transmisión de información, videos, fotografías, mensajes, etcétera, viaja a través de internet.

Pantallas

Encierra todo aquello que tiene una pantalla, como:

> **Computadora** (de escritorio o portátil). Dispositivo que usa teclado, mouse y una serie de aditamentos.

> **Tabletas** (o **tablets**, como la palabra en idioma inglés). Es una computadora portátil de menor tamaño que las computadoras y mayor que un teléfono inteligente. No usa teclado ni mouse.

> **Tabléfono.** Es aquél de menor tamaño que una tablet, pero mayor que un teléfono móvil tradicional.

Teléfono inteligente (también conocido como *smartphone*). Es un tipo de teléfono móvil con mayor capacidad de almacenamiento de datos, y con un mayor número de actividades (o aplicaciones), digamos que un teléfono inteligente es una minicomputadora o una minitablet.

Teléfono celular. Es un teléfono móvil que permite hacer llamadas a través de una red de telefonía celular o móvil, como las que ofrecen actualmente empresas como Telcel, Movistar, AT&T, etcétera. Las empresas de telefonía tradicional también atienden en la actualidad este tipo de conexiones.

Televisión. Es un aparato prácticamente conocido por todos nosotros, aunque han cambiado en su forma y en su misma tecnología. Su función es la misma: recibir imágenes y sonidos en movimiento, a distancia. Imágenes producidas por empresas televisivas y con distintos contenidos. Hoy, la misma tecnología ha logrado una simbiosis entre las diversas pantallas, es decir: muchas televisiones ya tienen la función de acceso a internet e incluso de recibir llamadas o mensajes.

Videojuego. Es una herramienta básicamente de entretenimiento que se usa de manera electrónica. La mayoría de estos se juegan a través de un control, una videoconsola y se proyectan en una televisión. Los videojuegos también pueden jugarse desde una tablet o un celular, prácticamente desde cualquier pantalla.

Ciberespacio. Es una realidad simulada. ¿Recuerdas las películas de la década de 1980 en las que la gente se ponía un visor o antifaz (entonces muy moderno) en la que veía otra realidad que no era la que tenía enfrente?, eso es una realidad simulada. El ciberespacio es parte de esa realidad simulada, pero se encuentra implementada en los ordenadores y redes digitales en todo el mundo, y se transmite a través de internet. Muchos le llaman al internet ciberespacio, y a la inversa.

Mundo virtual. Un mundo virtual es un tipo de comunidad virtual en línea que simula un mundo o entorno artificial inspirado o no en la realidad, en el cual los usuarios pueden interactuar entre sí a través de personajes o avatares, y usar objetos o bienes virtuales.

Mundo digital. La palabra digital se asocia a la tecnología, aunque inicialmente se usaba para denotar todo lo referente a lo que podemos accionar con los dedos. Ahora este término implica la interacción que el hombre tiene con las computadoras o cualquier artilugio digital. Por lo tanto, lo digital comprende un mundo enteramente tecnológico.

Pederasta

Persona que abusa sexualmente de un niño o niña.

Pedófilo

Persona que se siente sexualmente atraída hacia los niños y/o las niñas.

Phising

Prácticas utilizadas para obtener información confidencial (como números de cuentas, de tarjetas de crédito, contraseñas, etcétera).

Piratear

Entrada ilegal en un sistema informático o ruptura de las protecciones anticopia de un programa. El término pirateo o piratear, también se aplica a quien produce copias ilegales de programas, discos de música, DVDS, o cualquier otro producto.

Privacidad

Derecho a la intimidad. En concreto se suele usar en el mismo sentido que el derecho a la protección de nuestros datos personales ante cualquier intromisión o uso no autorizado por nosotros mismos.

Redes sociales

En la vida tradicional, fuera de la tecnología, una red social es un grupo de personas que están comunicadas bajo algún mismo interés social, cultural, político, etcétera. En nuestra era, la era de la tecnología, las redes sociales son sitios conectados a través de internet y formados por comunidades de individuos con intereses o actividades en común (como amistad, parentesco, trabajo) y que permiten el contacto entre ellos a distancia y a través de alguna pantalla.

Sesión

Unidad de utilización de un ordenador o de internet. Es el tiempo que trascurre entre que nos conectamos y nos desconectamos.

Sexting (De Sex+texting)

Envío de mensajes (que pueden incluir fotografías y/o videos) de contenido erótico o pornográfico por medio de teléfonos móviles. Abordaré con mayor amplitud este tema.

Sextorsión

Forma de explotación sexual en la cual se chantajea a una persona por medio de una imagen de sí misma desnuda que ha compartido a través de internet mediante *sexting* o que le ha sido robada.

Spam

Correo electrónico comercial, masivo (*junk*) y no solicitado (*spam*).

Spyware

Cualquier programa que recopila datos sobre el usuario y los envía por medio de internet, normalmente con fines publicitarios. Suelen estar escondidos en algunos programas que descargamos de la red.

Trol

Mensaje u otra forma de participación que busca intencionadamente molestar a los usuarios o lectores, crear-

controversia y provocar reacciones predecibles, especialmente por parte de usuarios novatos, con fines diversos, desde el simple divertimento hasta interrumpir o desviar los temas de las discusiones, o bien provocar *flamewars*, enfadando a sus participantes y enfrentándolos entre sí.

Virus

Es un programa que infecta otro programa y hace que éste, cuando se ejecuta, extienda el virus a otros programas. Adicionalmente puede realizar otras acciones, a menudo malignas. Se propaga mediante la ejecución por parte del usuario del programa infectado (o apertura de un fichero capaz de contender instrucciones macro), pues pasa a infectar otros programas.

Tecnologías de la Información y la Comunicación (TIC)

Con la llegada del internet a nuestras vidas, todo cambió, desde la forma de comunicarnos hasta la de concebir los avances y desarrollos tecnológicos. Esta revolución ha hecho que desde un par de décadas atrás, las TIC hayan sido incorporadas a los sistemas educativos en el mundo. Es completamente común que hoy por hoy, tanto los profesores como los alumnos intercambien tareas, investigaciones, etcétera, a través de los elementos que integran a las TIC. En palabras simples y concretas, las TIC contemplan todos, todos los recursos que nos ha brindado la tecnología contemporánea que se desprende de pantallas, internet y teléfonos.

Breve historia de internet y nuevas tecnologías

Lo que antes era impensable

Antes de la creación de internet, la única forma de comunicarse a distancia y digitalmente era por medio del telégrafo. El telégrafo se inventó en 1840, emitía señales eléctricas que viajaban por cables conectados entre un origen y un destino. Utilizaba el código morse para interpretar la información. Creo que aún hoy si todos escuchamos un sonido que imita las claves morse lo podremos reconocer.

Después, nuestro gran medio de comunicación fue el teléfono. Y por esto, es claro que al paso del tiempo, las distintas generaciones nos hemos tenido que acostumbrar a desarrollar nuevas capacidades de comunicación.

Después de esos grandes avances, que en su momento eran los grandes desarrollos de telecomunicaciones, no podemos dejar de mencionar la llegada de la telefonía celular. ¿Recuerdas esos primeros teléfonos móviles, que eran enormes, casi del largo de nuestra cabeza y que parecían ladrillos? Bueno, ésa fue una de las grandes revoluciones de nuestros medios de comunicación.

Sin duda, hoy resulta mucho más sencillo contactar a alguien. Muchos de nosotros podemos aún recordar el histórico temblor del 85, en la Ciudad de México, que cambió absolutamente todo para millones de personas...

En aquél momento, cuando la telefonía no era móvil, sólo nos quedaba esperar a nuestros familiares... Pero esto, evidentemente, ha pasado en muchísimos sitios en el mundo. Hoy la tecnología para comunicarnos ha avanzado. Esto es un hecho y es una de las grandes maravillas de los avances científicos y los grandes desarrollos.

Toda esta tecnología, bien usada, tiene grandes ventajas, es un hecho. Sin embargo, cuando algo se usa de mala forma con un objetivo negativo, sabemos que las cosas nos darán malos resultados. Esta situación la podremos verificar a lo largo de este libro.

Volviendo al tema de la historia, ya con ese avance de la telefonía celular, llegaron las computadoras (ésas primeras computadoras en los grandes laboratorios, en países como Rusia o Estados Unidos, que eran unos enormes aparatos, del tamaño de una habitación gigante). Posteriormente las computadoras personales que nos llegaron no eran ni a colores: sólo emitían tonos verdes o naranjas y negros. Y no existía aún (hablamos de la década de los 80) Windows ni otros sistemas operativos, que son los sistemas que actualmente nos facilitan todas las funciones con la computadora.

Podemos recordar cómo antes, en las escuelas, nos enseñaban mecanografía con máquinas de escribir y en algunos casos, ¡hasta a programar! Sin duda la tecnología también nos ha servido para facilitarnos la vida, y ahora todo a través de nuestras computadoras se encuentra fácil y a nuestra disposición.

Para generaciones nacidas entre los años 50 y 70, en la adolescencia era impensable que todo esto sucedería y, sin embargo, es una realidad que hoy tenemos enfrente.

Los inventos del telégrafo, teléfono, radio y la computadora, sentaron las bases para esta integración de capacidades nunca antes vivida. Internet es a la vez una oportunidad de difusión mundial, un mecanismo de propagación de la información y un medio de colaboración e interacción entre los individuos y sus computadoras independientemente de su localización geográfica.

Internet es una verdadera revolución en el mundo.

LAS TELECOMUNICACIONES A TRAVÉS DEL TIEMPO

1714-16 Se crea la primera máquina de escribir.

1833 Se crea el telégrafo.

1876 Se da a conocer el primer teléfono.

1927 Se realiza la primera transmisión de radioteléfono entre Estados Unidos y Reino Unido, a cargo de AT&T y la British Postal Office.

1934-39 Computadoras válvula de vacío / ordenadores de primera generación

1940 Televisión a color.

1945   Se realizan las primeras trasmisiones de la televisión en color.

1955   Se crea la fibra óptica.

1956   Se instala el primer cable telefónico transatlántico.

1960   Comienzan a funcionar los satélites de comunicaciones.

1963   Se abre la primera central pública telefónica en Estados Unidos.

1965   Se da a conocer la primera oficina informatizada.

1969   Primera conexión de internet entre Standford y la Universidad de California (UCLA).

1971   Se envió el primer email y se creó la primera calculadora de bolsillo.

1978   Se lanza el primer satélite de telecomunicaciones.

1980   Surge internet públicamente.

1981   Primeros CD's.

1983 Se comenzaron a usar las computadoras personales.

1985 Primer Windows.

1995 Microsoft lanza Internet Explorer

2001 Aparece la enciclopedia colectiva Wikipedia.

2005 Aparecen nuevos navegadores como Safari, y redes como MySpace, Linkedin; y se crean las plataformas para blogs.

En sus inicios, internet era casi un secreto militar (de hecho, su función estaba dispuesta al gobierno y a la milicia). No nos sorprende que al ser, desde un inicio, un facilitador de información, hoy en día se haya convertido en uno de los principales medios de comunicación masiva.

De 2005 a la fecha, los avances han sido cuantitativos, aunque parece haber transcurrido poco tiempo desde ese año, y ahora tenemos nuevas aplicaciones y formas de comunicarnos, cada día con más cercanía y velocidad. Iremos hablando de ellas, es importante que las conozcas.

Generaciones

Distintas formas de vivir el mundo

Cada generación se ha convertido en una forma de ver el mundo y de asumirlo, de crecer con él y con la tecnología y avances de su tiempo. Nuestros jóvenes de hoy tienen una idea muy distinta del uso de las herramientas tecnológicas a lo que un adulto considera tenerla. Habrá qué comprender la que involucra y define cada una de las nuevas generaciones, y lo que significa para cada una la concepción del mundo.

¿Qué intereses tienen? ¿Cómo asumen la vida a través de tantas y tantas herramientas de información a las que tienen acceso? Desde comienzos del siglo pasado, se tiene la concepción de hablar de los hombres (y del mundo) a través de generaciones. Este concepto comenzó en la primera década del siglo xx. Las generaciones humanas se dividen en periodos de dos décadas, aproximadamente.

Primero se habló de la generación perdida, en los años 20, que era la generación que sufrió los embates de conflictos como la Primera Guerra Mundial y, parte de sus principales preocupaciones, eran las crisis y la crueldad que habían dejado las batallas; sin embargo, para este grupo de entonces jóvenes, el arte fue un escape primordial, y se creó, entre otras cosas, el jazz en Estados Unidos.

Curiosamente después de la generación perdida, tenemos a la llamada Grandiosa, que atraviesa por la Segunda Guerra Mundial, donde los hombres trabajan arduamente por el bienestar de su familia.

Sin duda, lo que hoy nos podrá resultar de mayor interés, son las generaciones a las que hemos pertenecido y a las que pertenecen nuestros hijos, y que hemos vivido de manera más acelerada y cercana que otras épocas en la historia de la humanidad: el avance de la tecnología y el cambio de nuestra vida cotidiana gracias a ella. Es por esto que haremos un pequeño repaso de la clasificación de estas generaciones.

Baby Boomers
Nacidos entre 1946 y principios de la década de 1960
Su nombre se debe a un fenómeno internacional, y es que después de la Segunda Guerra Mundial, muchos países registraron un repunte inusual en el índice de natalidad, y a eso se le denominó *Baby Boom*.

Esta generación de posguerra tiene las siguientes características:

· Inusual repunte en las tasas de natalidad.

· El trabajo es lo más importante.

· Valora la productividad y no tolera el ocio.

· Aprecia los símbolos de status y el crecimiento vertical en una compañía.

· La mujer se incorpora definitivamente al mercado laboral. Cambio en el modelo tradicional de familia.

Los *boomers* han encontrado más dificultades para administrar su tiempo y dinero. Se crea un problema porque sus padres viven más tiempo que los de generaciones anteriores; están en busca de una mejor y más amplia educación académica; optaron por tener hijos a una edad más avanzada que generaciones anteriores. Es la generación de en medio, una generación tipo sándwich. Se ven obligados a cuidar de padres ancianos y a la vez de sus propios niños.

Generación X
Nacidos a principios de la década 1960 y hasta 1981
El término se acuñó en 1964, y se hizo con el objetivo de definir una serie de conductas en los jóvenes británicos que rompían las pautas y costumbres anteriores. Los estudios del momento revelaban actitudes en los adolescentes como no creer en Dios, no gustarles el reinado de Inglaterra, tener relaciones sexuales antes del matrimonio y no respetar a los padres. Es la que ha vivido de todo: desde las televisiones en blanco y negro hasta la tecnología actual. Una generación que pasó de jugar canicas y saltar la cuerda en las calles a jugar Atari, PlayStation y Xbox. A este grupo de jóvenes también se le llama la Generación MTV. Algunas de las características de esta generación son las siguientes:

· Son responsables, se muestran comprometidos y preocupados por el mundo.

· Son los grandes impulsores de la tecnología,

ya que nacieron justo en el *boom* en el que se dejó de hablar de aparatos eléctricos y botones analógicos para hablar de dispositivos electrónicos, aunque el segmento más longevo de esta generación no es tan compatible con los desarrollos del mundo virtual y digital.

- El ocio significa salir y encontrarse con personas y disfrutar del aire libre, en vez de encerrarse con los juegos muchas horas.

- Vivieron la llegada de internet. Aceptan las reglas de la tecnología y conectividad.

- No logran desprenderse del todo de las culturas organizacionales.

- Es la generación de la transición. Tienen mayor fricción con las que vienen (Y o Z).

- A esta generación le toco vivir la llegada del CD, la computadora personal de escritorio, el walkman y el fin de las cintas en casete y videos VHS.

- Vivieron la burbuja y la explosión del .com en la década de 1990, por eso actualmente parte de esta generación se resiste a utilizar estas tecnologías.

- Todavía prefieren ir a elegir y comprar discos en tiendas en vez de pagar y descargarlos.

Millenials o generación Y
Generación que nació a partir 1982 y hasta 2000

Esta generación ha experimentado, tal vez más que cualquier otra, la disolución de la familia. Tasas de divorcio más altas, más hogares donde ambos padres trabajan. En comparación con sus padres y abuelos, esto ha cambiado sus relaciones familiares. Tiene una relación íntima con la tecnología.

Según las estadísticas de estos jóvenes, que hoy tienen entre 35 y 26 años:

· 97% posee su propia computadora.

· 94% posee un teléfono celular.

· 76% hace uso de la mensajería instantánea y las redes sociales.

· 66.6% tiene un sitio en Facebook.

· 60% posee algún dispositivo portátil de música o video (ejemplo: iPod).[2]

Según la revista *Forbes*, esta generación es la que más gasta, y para 2025 representará la fuerza laboral en un 75%. Se dice que esta generación representa 20% de la población, y de los primeros *millennials*, los treintañeros, 6 de cada 10 (60%) son solteros y tienen aún un rol dentro del hogar.

---

2 Estadísticas retomadas del periódico mexicano *El Economista*, del artículo «Características generacionales», de Carlos Ponce Bustos. http://eleconomista.com.mx/finanzas-persona-les/2015/05/03/caracteristicas-generacionales.

Se les denomina soñadores y es la generación con mayor fidelidad a diversas marcas de consumo. En México, los veinteañeros (*millennials*) son los que más gastan.

Sin duda, los *millennials* nacieron con la tecnología casi en la mano, y es esta generación la que ha intentado dominar la tecnología casi como un brazo o una pierna. Sus relaciones cotidianas están conectadas por una pantalla y tienen dos realidades, la virtual y la tradicional. Si tienen que elegir entre una televisión y el internet, prefieren todo lo que tenga relación con la web. El 59% ve películas por internet y el 46% ve televisión, también a través de internet.

Tienen comportamientos *multitasking*: pueden estar haciendo varias cosas a la vez.

Un 78% de los *millennials* en América Latina, de acuerdo con *Forbes*[3], posee un celular, un 37% tablet, un 70% laptop y un 57% computadora de escritorio (*desktop*). Según Telefónica Global Millennial Survey 2014, suelen ser adictos al celular.

Esta generación posee una virtud social, y es que son en extremo sociales.

Generación Z o *touch*
Generación que nació a partir del 2000

Esta generación también se conoce como del mundo virtual o nativos digitales. Es justo la generación que nace ya con la tecnología en sus manos y, que aún son pequeños, y quizá muchos de nuestros hijos estén en esta generación.

Esta generación está en pleno desarrollo y la tecnología no es un suceso o algo que este pasando, sino una

---

3 https://www.forbes.com.mx/6-rasgos-clave-de-los-millennials-los-nuevos-consumidores/#gs.BW0ZMqY

realidad. Evidentemente, aún no ingresan al mundo laboral, pero los economistas proyectan desde ahora que esta generación posee una alta propensión al consumo y al mundo digital y virtual. La tecnología es un elemento fundamental y no conciben su vida sin ella.

Aunque el concepto de cada una es dinámico y va cambiando conforme el desarrollo de cada generación, estos acercamientos nos permiten mirar la evolución de cada generación y desde estos datos, comprenderlas. A partir de esta información, ahora daremos pie a los problemas que nos enfrentaremos y enfrentamos sobre el uso inadecuado de ese mundo digital.

Estadísticas

Para muchas personas resulta un poco incómodo y a veces hasta un poco inútil revisar el tema numérico de las situaciones que nos están tocando vivir, pero para muchas otras es muy importante poder revisar estos números, quizá sólo así nos podemos dar una idea más clara de lo que está sucediendo hoy en día con el internet, con el uso de las redes sociales y con toda esta nueva tecnología.

Es lo que tradicionalmente llamamos datos duros, es decir, que no tendrían demasiada interpretación y que no tendrían demasiada explicación. Son números que muchas veces hablan por sí solos y es justamente a los que nos vamos a dedicar en este aparatado. Estos datos duros nos permitirán conocer la realidad, o por lo menos alguna parte de la realidad del uso de internet, de las redes sociales y de lo que está pasando con los jóvenes, y también con la propia comunicación o con los sistemas de comunicación que se están viviendo.

Con estas estadísticas nos daremos cuenta de qué es lo que está sucediendo con el mundo, con los jóvenes, con las generaciones de nuestros familiares (ya sean nuestros hijos o hijas, amigos, conocidos, sobrinos o sobrinas, nietos, etcétera) sobre el uso de internet.

· 6 de cada 10 adolescentes entre 11 y 17 años tienen un perfil en alguna red social.

· 9 de cada 10 jóvenes entre 15 y 17 años tienen un perfil en alguna red social.

· 2 de cada 3 chavos prefiere usar internet en lugar de un coche.

· Para un 33 % de los menores de 18, el internet es tan importante como el agua.

· 55 % declaró que no puede vivir sin internet.

· 2 de 5 jóvenes afirman que es más importante el internet que salir con amigos, tener citas o ir de fiesta.

· El número promedio de mensajes al día de un adolescente activo en redes o internet es de 3 339.

· 4 de cada 10 ha participado en una acción de *bullying* cibernético.

· México es el país con mayor índice de *cyberbullying*.

· 40 % de los jóvenes usuarios de la red temen ser hostigados por gente peligrosa.

· Sólo a un 30% les preocupa que utilicen
sus fotos con malas intenciones.

· A un 20% le preocupa que los agredan o
se burlen de ellos a través de las redes sociales.

· 47% de los padres no hacen nada al respecto.

· En una encuesta realizada con jóvenes
estadounidense, se revela que el 44%
ha practicado *sexting* y/o recibido imágenes
personales de contenido sexual.

· De los 5 millones de chicos que usan internet,
la mayoría lo hace sin supervisión.

· El 70.5% de los cibernautas mexicanos tienen
menos de 35 años.

· El 39.2% de los hogares en México tiene
conexión a internet.

· El uso de internet está asociado al nivel
de estudios; entre más estudios, mayor uso de
la redes.

· 77.7 millones de personas usan celular y 2 de
cada 3 usuarios cuentan con un teléfono inteligente (smartphone).

· 1 de cada 3 adolescentes entre 12 y 18 años de
edad que navegan en internet, asegura haber

publicado fotos suyas en poses provocativas; en este rango, existen en México 10 millones de internautas.

· El 45 % de niños, niñas y adolescentes tiene la computadora en su habitación y el 30 % publica datos personales, como: dirección, teléfono, nombre de la escuela y fotos familiares; asimismo, 43 % no considera peligroso ir a una cita con una persona que conoció en internet.[4]

Como vemos, muchos de estos datos hablan por sí mismos. Muchos de ellos son alarmantes, nos pueden preocupar o hacernos sentir que estamos parados en otro universo, en otro mundo; nos pueden llevar a pensar que la forma en que los chicos o los jóvenes de hoy en general conciben a las nuevas tecnologías dista muchísimo de lo que nosotros desearíamos, de lo que nos podría acomodar, pero ésta es la realidad, es una realidad que, si bien puede ser muy distinta a lo deseable, es una realidad que existe y a la que nos estamos enfrentando todos los días.

Las concepciones que esto trae en sí mismos en la vida, de la forma de percibir o de comunicarse, de la forma de entender el mundo que nos rodea, evidentemente es

---

4 Informaciones tomadas del informe *Retratos de Juventud,* y evidencia una «brecha» intergeneracional en su uso y también diferencias intrageneracionales... Ver más en: http://www.20minutos.es/noticia/1350975/0/#xtor=AD-15&xts=467263
http://www.lanacion.com.ar/1787706-cuatro-de-cada-diez-adolescentes-estan-conectados-a-internet-las-24-horas
http://www.huffingtonpost.es/2014/02/28/motivos-sexting_n_4873900.html
INEGI: «Estadísticas a propósito del día mundial de internet» 17 de mayo de 2016.
http://www.animalpolitico.com/2012/03/1-de-cada-3-adolescentes-sube-fotos-provocativas-a-internet/
Estudio de la Organización para el Desarrollo Económico, OCDE.

muy distinta, y de ahí se derivan las formas tan complicadas en las que nosotros nos podemos adaptar a estas nuevas circunstancias y a las que nuestros hijos no tienen dificultad en adaptarse.

Nuestros hijos ya lo traen, para nuestros hijos es parte de su vivencia, es parte de la vida misma; entonces, esto quiere decir que tenemos que adaptarnos a su mundo, entenderlo y empezar a tener herramientas sobre cómo manejarlo desde el entendimiento, desde el conocimiento.

Significa comprender lo que ellos están viviendo desde sus nuevas posibilidades, para así nosotros tener recursos y elementos para poderlos orientar y guiar, poder darles un manejo adecuado que pueda ser nuevamente sustentado en valores, en reglas y en principios que nos den la pauta de un comportamiento más adecuado también agregado a las nuevas tecnologías. O sea, es como pensar que podríamos renunciar a los valores, a los principios y a la moralidad, porque ellos están inmersos en una era digital, y no, creo que no, porque a pesar de estar metidos en la era digital y de tener estadísticas —que pueden ser muy ruidosas para muchos adultos— tendríamos que pensar en qué es lo que están viviendo y entenderlo, y saber cómo lo vamos a manejar, y esto en gran medida es justo el objetivo del libro.

Redes sociales en internet

Las redes sociales en internet son aplicaciones web que favorecen el contacto entre individuos. Las personas pueden conocerse previamente o no, ya que se pueden poner en contacto a través de estas redes sociales. Se usan tanto para generar lazos de amistad como de pareja, en principio virtuales y después, muchas de las veces, personales. Las redes sociales en internet se basan en los vínculos que hay entre sus usuarios. Existen varios tipos de redes sociales, entre ellas: genéricas, profesionales, verticales, etcétera.

Redes sociales genéricas u horizontales

Este tipo de redes son concebidas sin una temática específica y para todo tipo de usuarios. Estas redes sociales horizontales permiten la libre interacción sin una finalidad establecida y con una variedad muy grande de intereses, temas e identidades virtuales.

Facebook

Es la red social genérica más extendida en el mundo. Fue creada en 2004 por Mark Zuckerberg para los estudiantes de la Universidad de Harvard y fue a partir de 2006 que se abrió para todos los usuarios de internet. Es gratuita y es muy fácil acceso. Edad mínima del usuario: 13 años. Sus miembros comienzan a generar una red, primero entre conocidos, pero cualquiera puede enviar una «solicitud de amistad» y acceder a la información que el usuario haga pública. En enero de 2015, Facebook alcanzó los mil 390 millones de usuarios.

Twitter

Twitter es una red social creada en 2006. Une a sus usuarios a través de intereses comunes. Su principal característica es no permitir la publicación de información que contenga más de 140 caracteres. Cada uno de los textos publicados por sus miembros se llama *tweet*.

Para poder publicar en Twitter hay que estar registrado, aunque esto no hace falta para leer los *tweets* emitidos por otros usuarios. Esta red social ha creado numerosos términos propios para referirse a sus acciones más comunes: tuitear (acto de enviar un mensaje) tuitero (alguien que envía un *tweet*) o tuit privado (mensaje privado a través de la aplicación). Entre su cada vez más popular vocabulario se hallan los *hashtags*, etiquetas asociadas al símbolo # con el fin de identificar un tema o sumarlo a alguna campaña con el mismo nombre. Los hashtags los han adoptado otras redes como Facebook.

Google+ (Google Plus)

Google+ es la red social de Google. Para registrarse sólo hay que disponer de una cuenta del servicio de correos Gmail (más adelante hablaremos de estos servicios de correos electrónicos). Google+ une a todos sus usuarios por temas afines, mismos que el usuario determina (cierto tipo de música o pasatiempos, etcétera). Los datos, comentarios, imágenes o documentos se pueden compartir en uno o varios círculos de interés, y esto es algo que el usuario define.

Instagram

Instagram es una de las redes sociales genéricas que más éxito tiene. Funciona compartiendo imágenes y fotografías con un texto sobre la imagen. Con más de 300 millones de usuarios, esta aplicación gratuita se puede usar en una computadora, en los teléfonos y hasta compartir a través de Facebook. La diferencia de Instagram a otras redes, es que aquí puedes aplicar filtros a tus fotografías, es decir, darles un aspecto *vintage*, blanco y negro, aplicar marcos y otras monerías.

Snapchat

Snapchat es una red social en principio creada para jóvenes, y después se extendió a personas mayores. En esta red puedes enviar archivos que desparecen del dispositivo de quien las recibe máximo en 24 horas. Lo más curioso de esta red es que puedes agregar efectos graciosos a tus imágenes como nariz y orejas de ratón, etcétera. Estas imágenes se conocen como *snaps*.

Ask

Ask.fm agrupa a más de 52 millones de usuarios bajo el siguiente esquema: se pregunta lo que sea sin revelar identidades ni de quien pregunta ni de las personas que responden. Pese al supuesto anonimato, Ask es una de las redes que más atraen a los jóvenes y que comienza a encender las redes del ciberacoso. Al inscribirnos a esta red, el sistema trata de asegurarse que tengas más de 21 años, pero, como otros sitios, cualquier joven puede acceder sin un verdadero control de edades, esto convierte a los adolescentes en presas fáciles para el acoso virtual.

Redes sociales profesionales

Este tipo de redes están enfocadas en negocios y actividades profesionales o comerciales. A través de ellas se crean grupos entre empresarios, líderes en diversos estratos socioeconómicos, que intentan conectarse con otros profesionales dentro de su ramo de interés. Los usuarios de estas redes poseen un perfil profesional en el que incluyen su ocupación actual o su currículo académico y laboral, entre otros datos.

LinkedIn

LinkedIn es la red profesional con mayor número de usuarios, y fue puesta al servicio de los internautas en 2003. Esta red puede facilitar la búsqueda de empleo. Es una herramienta para promoción a nivel profesional y empresarial; hay personas que la utilizan para compartir información técnica o incluso científica. Los grupos se crean a partir de los currículos, y existen hasta grupos de debate u opinión. Es la única red social que cotiza en la bolsa desde mayo de 2011.

Xing

Xing comenzó a funcionar en el año 2003 con el Open Bussines Club. Compite directamente con LinkedIn y sus funciones son similares, salvo que esta red dispone de grupos temáticos y foros para intercambiar información sobre temas laborales. Cuenta con ofertas de empleos. Tiene una función gratuita y otra Premium, con más funciones como llamadas telefónicas o mensajería instantánea.

Viadeo

Viadeo comenzó a usarse en 2004. En cada país funciona de forma distinta, pero esto permite a las corporaciones realizar un estudio de mercado, de las tendencias laborales y asuntos culturales. El registro es gratuito. Viadeo te permite localizar antiguos compañeros de trabajo o estudios o trabajadores *freelance*. Los contactos que se establezcan deben ser confirmados por ambas partes para formar parte de un listado de direcciones.

Redes sociales temáticas o de contenido

La característica de estas redes es que tienen un tema en común, algo que las distingue de otro tipo de redes. A continuación, más información para que puedas buscar la que más te interese, o que veas qué es lo que está en los intereses de tus hijos.

YouTube

Una de las más populares es YouTube, un sitio gratuito para compartir, ver, comentar, buscar o descargar videos musicales, películas, programas de televisión, comerciales, etcétera. Es un servicio de Google y si tienes una cuenta de correo de Gmail (también de Google), puedes incluso crear tus preferencias de forma sencilla.

Redes de fotografía
Pinterest, Fotolog, Instagram y Flickr

Son redes que comparten básicamente contenido fotográfico. Puedes buscar imágenes u ordenar tus propias fotos para mostrarlas a los usuarios.

Redes de música
Lats.fm, Grooveshark y Spotify

En este tipo de redes o aplicaciones ponen a disposición del usuario una gran cantidad de música que parecería que nunca terminarías de escucharla. Se convierten en redes sociales porque puedes acceder a grupos con tus mismos intereses, o crear un grupo, así como ver qué música escuchan tus amigos de Facebook que estén conectados.

Redes de videos
Vimeo y Dailymotion

Además de YouTube (quien recibe una categoría mayor, por ser el más visitado de todas las redes temáticas), en la web encontramos a Vimeo y Dailymotion, que tienen como finalidad almacenar y compartir videos de distintas temáticas, incluso películas. Su acceso es gratuito.

Redes para compartir documentos
Scribd y Dropbox

Son dos sistemas de almacenamiento de documentos. Por ejemplo, si tu amigo, compañero de la escuela o colega está en otro lado, tú puedes almacenar un documento y éste descargarlo en su computadora. Su acceso es muy sencillo. Las noticias y actualizaciones también se engloban en redes sociales, generando conversaciones o discusiones entre los usuarios.

Redes sociales de videojuegos

Hay muchos videojuegos que se han convertido en red social. ¿Por qué? Porque a través de internet puedes conectarte con otros usuarios, en cualquier parte del mundo, que estén interesados en jugar lo mismo y convertirse en un contrincante. Incluso hay citas para juegos específicos. Cada juego tiene el perfil del jugador, que puede ser real o ficticio, donde se supone que se anota la edad, la nacionalidad y otras informaciones. Aunque son muchísimas las redes de juegos, algunas de ellas son *Rolbook* (juegos de cartas) y *Xbox life* (plataforma social de Xbox y usuarios de Microsoft, en el que creas hasta avatares). Es importante mencionar que muchos video juegos actualmente necesitan conexión a internet, y por lo tanto desde ellos también se puede navegar en el ciberespacio.

Redes sociales de relaciones

Tinder y Badoo

Las redes sociales de relaciones son aquellas que sirven a los usuarios para relacionarse con gente nueva. Las listas de miembros se van haciendo entre personas que no se conocen previamente. Este tipo de redes suele incluir un buscador con la base de datos de sus miembros que proporciona parámetros de búsqueda como la franja de edad, la ubicación o las preferencias sexuales. Existen numerosas redes de este tipo. Sin embargo, las que tienen mayores posibilidades gratuitas son Tinder y Badoo, ambas para mayores de edad.

Correo electrónico

El correo electrónico es también conocido con su nombre en inglés *email* o simplemente como *mail*. Es la versión digital del correo tradicional.

Comunicación digital móvil

La llegada de las nuevas tecnologías ha facilitado el desarrollo de la comunicación digital. El teléfono móvil es el dispositivo de comunicación que más transformaciones ha sufrido. Ha pasado de ser un aparato para transmitir voz a convertirse en una pequeña computadora portátil. Cualquier celular es capaz de enviar mensajes de distintos tipos.

SMS y MMS

SMS son las siglas en inglés de Servicio de Mensajería Corta. Es un sistema a través del cual los teléfonos móviles pueden enviar mensajes de texto cortos, de no más de 150 caracteres.

MMS son las siglas en inglés de Sistema de Mensajería Multimedia. Permite enviar y recibir videos, fotografías o sonidos. También ofrece la posibilidad de enviar el contenido multimedia a servicios de internet como correos electrónicos o páginas web.

WhatsApp

WhatsApp es la aplicación más famosa de chat en el mundo, y se puede utilizar con smartphones. Permite enviar mensajes de texto, de voz, fotografías y videos de manera instantánea (y sólo con conexión a internet o consumo de datos contratados a través de las empresas telefónicas). Su funcionamiento es idéntico al de los programas de mensajería instantánea más comunes. A través de los números de teléfonos móviles, se genera una red de contacto con la gente que tenga acceso a la aplicación.

LAS CINCO REDES SOCIALES MÁS UTILIZADAS EN MÉXICO

1 FACEBOOK

2 YOUTUBE

3 WHATSAPP

4 LINKEDIN

5 INSTAGRAM

¿Vida real contra vida virtual?

Ciberespacio, la calle en toda su extensión

Como hemos dicho, parte central de este libro es responder las interrogantes y brindar una luz en torno a las preocupaciones de los padres de familia, tíos, abuelos e incluso profesores que se encuentran con situaciones específicas en el salón de clases.

Parte de las preocupaciones más comunes que los padres de familia tienen, se relacionan con el uso correcto de internet, las redes sociales y dispositivos electrónicos como computadoras, teléfonos inteligentes, tabletas y videojuegos, y en ciertos momentos hasta los tiempos con la televisión, pensando en que a través de ésta también se tiene acceso a internet y, por ende, a redes sociales. Es por esto que, además del tiempo que se puede invertir en una televisión, su uso también se incluye en el mundo cibernético por el simple hecho de que ya son aparatos que te conectan a todo el mundo.

Me atrevo a hacer una analogía de las redes sociales y la exposición o la vulnerabilidad que en un momento dado tienen los jóvenes y los niños respecto a esto: cuando nosotros éramos más pequeños o jóvenes, lo más a lo que podíamos acceder para exponernos a los peligros del entorno, era salir a la calle y estar fuera de la supervisión de nuestros padres o profesores.

El gran riesgo que corríamos era estar alejados de nuestros padres en la calle como para meternos en problemas, para vincularnos con personas indeseables, para incurrir en comportamientos que quizá no eran los correctos o adecuados.

Hoy por hoy, el tema de la tecnología y el internet con los chicos hace que esa realidad cambie radicalmente. En nuestros tiempos, sólo teníamos acceso a unas cuantas calles y a unas cuantas personas, contando muchas de las veces con redes de protección gracias a vecinos y conocidos; por ejemplo, con el señor que atendía la tienda de la esquina, con la señora de las quesadillas... Estas personas buenas que rodeaban tu casa, tu espacio vital, que te protegían y estaban al pendiente de tu familia y viceversa. Era una especie de red de apoyo dentro del barrio, la colonia, o por lo menos en la calle en la que vivías.

Ahora, con el uso de las redes sociales y el uso de internet, al margen de todas las cosas positivas que tiene, también puede significar exponer a nuestros hijos a un universo sin control, a un universo sin fronteras y desde la «comodidad» de nuestra casa.

Ahora la frontera no está en la calle o en el número de cuadras que éramos capaces de alejarnos cuando éramos niños; la frontera no está a unas calles de nuestra casa, las fronteras de internet son muy delgadas, casi invisibles o de plano no existen.

Durante nuestra infancia, los chicos de nuestra generación podían —podíamos— caminar e ir a los parques; los tiempos y la seguridad eran distintos; sabías que siempre había alguien «echándote un ojito», viendo cómo te podrían proteger o evitar que alguien te hiciera daño; ahora el tema del internet expone a nuestros hijos al universo absoluto de lo bueno y lo malo al mismo tiempo, y la analogía con internet sería como dejar salir a nuestros hijos a la calle sin ningún límite de tiempo o sin preocuparnos por saber con quién habla, con quién se vincula o que está haciendo.

Lo mismo que podía haber sucedido en esa calle de nuestros tiempos, que si estaba protegida por esa red de vecinos o amigos de familia era un territorio seguro, pero que sin el debido cuidado de los padres o la supervisión de los amigos de la familia, se podía haber convertido en una puerta al peligro; lo mismo sucede con internet y el mundo tan amplio que nos proveen las redes. Si un adulto no está supervisando y aplicando la contención, los riesgos se incrementan considerablemente.

Hoy, las redes han engrandecido el mundo, pero también lo han hecho completamente individualista y peligroso. Es decir, es un esquema completamente individual en donde el niño o el joven puede estar expuesto a cualquier cantidad de riesgos. Con la inmadurez y falta de consciencia propia de un chico de su edad, puede ser engañado, timado, envuelto, manejado o manipulado al antojo de casi cualquier persona.

Las redes sociales y el internet son una exposición absoluta a ese mundo que se conecta por lo virtual, que, evidentemente, puede ser benéfico, deseable, productivo, creativo y pedagógico, pero también puede ser ese mundo virtual que contamina, que expone, que vulnera, que manipula, que quiere obtener ventajas de los chavos no solamente a través de un contenido meramente sexual, sino también a través de engaños y de muchas otras cosas que podrían generar problemas importantes y que ya se dan como el *sexting*, el *grooming* o el *ciberbullying*, etcétera; fenómenos de los que ya hablaremos.

Es por eso que te enfatizo, primero que nada, papá, mamá, tío, tía, que nosotros tenemos la gran responsabilidad de cuidar a nuestros hijos, sobrinos o nietos; necesitamos concientizarnos como papás de esta exposición que nuestros hijos pueden llegar a tener.

Necesitamos estar alertas de los riesgos que los niños pueden correr en el ciberespacio. Es algo que no siempre dimensionamos en la realidad, sino hasta que empiezan a suceder cosas de las que muchas veces ya no tenemos control o ya sucedieron. Cosas que quizá ya no son deseables, que quizá ya implican algo realmente grave, y que desafortunadamente —y de acuerdo con la experiencia de muchos papás— se cae en cuenta de la gravedad cuando ya se encuentran inmersos en una problemática mayor y que no es tan fácil de parar, resolver o abordar.

¿Ejemplos? Puedo dar muchos. He atendido a papás que han tenido que cambiar a sus hijos de escuela, papás que hasta tuvieron que cambiar de residencia, otros padres que han tenido que modificar incluso algunos aspectos de su identidad para pasar inadvertidos en otras comunidades, en otros esquemas, en otros contextos...

Uno de los ejemplos más significativos a los que podría referirme es el de una chica de 14 años que asistía a una escuela particular y de pronto, como es natural, tuvo un novio; pero este chico, como muchos, empezó a pedirle esta famosa prueba de amor: fotos en ropa interior y posteriormente le pidió fotos donde ella apareciera desnuda. La chica accedió a mandárselas al novio. Como todas estas relaciones adolescentes suelen ser efímeras y súper pasionales entre chicos, esta relación concluyó después de dos meses. El chico decidió compartir esas fotos con los demás compañeros, y al final esto comenzó a crecer y crecer, hasta que eso se convirtió en un acoso muy fuerte para la chica: *bullying*, acoso, molestia, burlas por todos lados, y de todas las maneras posibles, hasta que los padres de esta chica deciden cambiarla de escuela. Finalmente se van a otra escuela completamente distinta, pero resulta que en esta nueva escuela había amigos en común con algunos de los chicos de la escuela anterior. Y en esta nueva escuela también se comparten y se difunden estas fotografías donde la muchacha aparece desnuda, al grado de que la solución de estos padres fue poner tierra de por medio y cambiarse de ciudad, rompieron el contacto total con esas redes sociales, cambiaron las cuentas de correos de su familia; cambiaron todo aquello que digitalmente los pudiera vincular con esta situación. El papá y la mamá tuvieron que cambiar de trabajo. Esto es un caso que tuvo una solución cuando el problema ya estaba encima.

También atendí el caso de otro chico que empezó a tener una relación virtual con una chica supuestamente de su edad. De pronto, ella comenzó a enviarle fotos a él en ropa interior y posteriormente desnuda.

Él, por corresponder, comenzó a enviarle fotos iguales a ella, hasta que después de varias fotografías donde a él sólo se le veía el cuerpo, se animó a enviarle imágenes ya con su rostro. Después, esta chica le envió fotos suyas y resultó ser una persona adulta, y no sólo eso, sino que se trataba de una red de extorsionadores que por tener esas imágenes en su poder comenzaron a pedirle dinero para no divulgar esas fotografías en sus redes sociales. Evidentemente esta red de extorsionadores ya tenía toda la información del chico: dónde vivía, a qué escuela asistía, su edad, preferencias, contactos con amigos, etcétera.

Al principio, el chico sacó sus ahorros y se los entregó. Vendió videojuegos, pidió dinero a los papás con engaños y decidió verlos en un parque —con toda la exposición que esto representa— para pagarles. Cuando este grupo de adultos vieron que sí había pagado, que sí había ido solo (como se lo pidieron), que sí accedió a lo que le estaban pidiendo, entonces le pidieron más, y si no tenía dinero, le dijeron que les diera su computadora, su tablet, el teléfono.

Después de la segunda extorsión, el niño entró en estados de ansiedad muy profundos, y es ahí en donde los papás detectan la situación y el niño expone el problema. Los papás comienzan a investigar y denuncian a la policía cibernética y en ese momento vienen a verme para trabajar el tema con el chico.

También trabajé otro problema similar al anterior, el sistema fue el mismo, pero en este caso cuando los padres vinieron a mí, algunas cosas no me cuadraban. Parte de mis comentarios estuvieron relacionados con que me daba la impresión de que esta extorsión no era de adultos, ni de una red de narcotráfico. Yo sospechaba —y se los dije a los papás— que era alguien de su propia escuela y que seguramente sería alguien bastante cercano a él.

Para no hacer el cuento más largo, los papás deciden junto con la escuela poner una trampa a las personas que lo estaban extorsionando y resultó que su mejor amigo y otro compañero eran quienes lo estaban tratando de perjudicar y extorsionar.

Como puedes ver, papá, mamá, aquí hay tres ejemplos muy puntuales y claros. Ejemplos que nos muestran algunos riesgos y peligros, digamos, en un nivel aún controlable. No tenemos que hablar de un secuestrador o traficante de personas. Estamos hablando de los peligros a los que se exponen en el día a día, en la cotidianidad, con la gente que está a un lado.

En el caso de la chica, con el novio, y en el caso del chico, con gente abusiva y delincuente, en el otro, con sus mejores (supuestos) «amigos», que son los que lo pusieron en riesgo. Si una persona cercana y conocida es capaz de eso, imagínate una que no es cercana...

Esto es a lo que, en la parte delicada y peligrosa, nos pueden exponer el internet o las redes sociales.

Por eso es que tenemos que estar bien informados no solamente de las cuestiones técnicas o estadísticas, sino también de lo que más nos atañe y más nos importa en este libro: la parte práctica, el día a día, lo que sí está pasando con los chavos, lo que sí está pasando con el ciberespacio y con las redes sociales y cómo manejar y contener a nuestros hijos.

Eso es lo que estamos tratando de transmitir aquí, la realidad de las cosas que ocurren y que los chavos ven muy lejano. Se habla de que sólo 30% de los chicos está preocupado por los alcances y riesgos que pueda tener el internet en sus vidas. Esto quiere decir que a siete de cada 10 chavos no les preocupa y realmente no están tan conscientes o no están nada conscientes de estos peligros. Con ellos se enfrenta, desafortunadamente, el mayor riesgo.

Uso y abuso de las redes

Como he venido mencionando, este libro busca orientarlos a ustedes, padres, en el uso responsable y abuso de las redes sociales e internet; eso es parte de lo que se busca, y esto debe verse, por ende, desde dos perspectivas: 1) el uso adecuado y deseable del internet y las nuevas tecnologías; 2) el uso inadecuado e indeseable de los mismos.

Esto, que parece poca cosa, no lo es. No debemos ser, jamás, papás parciales que sólo seamos capaces de percibir o entender un solo lado de las cosas. La parte satanizada de las nuevas tecnologías nos lleva a concebirlas en un sentido meramente negativo, peligroso, riesgoso o vulnerable. Y no es del todo así; pero sí existe una realidad muy importante y es que las mismas redes sociales, cuando su noble función de acercar la comunicación entre personas y países, se lleva al extremo negativo, provoca lo contrario: distanciamiento en los vínculos afectivos, distanciamientos de las relaciones sociales y peligros.

Otra parte que también se puede considerar negativa es que el abuso de las redes sociales está generando sedentarismo y está causando una especie de incapacidad y renuencia para realizar actividades físicas. Los juegos virtuales o videojuegos extraen mucho de los juegos tradicionales, los que solíamos practicar en la calle, entre otras cosas, para hacer deporte, socializar con los amigos o vecinos o en el equipo de futbol, basquetbol o de futbol americano, etcétera. Y me quiero referir no al uso de los videojuegos, sino al uso excesivo. Hay chicos que sobreponen la consola y los controles a los amigos y el juego. Esta clara adicción a las redes sociales, el internet y las nuevas tecnologías, está alarmando, preocupando y sembrando miedo básicamente por el riesgo que conlleva; y estas adicciones o uso incorrecto hacen que todo el lado positivo de la tecnología desparezca.

Las redes se pueden utilizar para cientos de cosas adecuadas, pueden ser utilizadas para lo que sería «deseable»: para comunicarte, para estar al tanto de lo que pasa, para leer, escuchar música, para aprender, para tener información de primera mano, para ser localizable, para entretener, para divertir, entre otras cosas. Es común que encontremos amistades entrañables y que tengamos acceso a cientos de informaciones a tan sólo un click de distancia, información que también puede ser utilizada positivamente hasta en una catástrofe. Este lado de las redes sociales y del uso del internet y de las nuevas tecnologías es bueno e importante, y sería necesario también descubrirlo, asumirlo y enseñarlo a nuestros hijos.

¿Cuál es la gran disyuntiva?

El elemento a distinguir es una línea a veces imperceptible, la línea divisoria entre formas adecuadas y deseables y las formas inadecuadas e indeseables, y esto tal vez para muchos pueda sonar exagerado.

Simplemente mira esta tabla —tal vez absurda y obvia—. En ella te darás cuenta de cómo las cosas tienen un uso positivo y uno negativo, y esto pasa, evidentemente, con las redes sociales.

EJEMPLOS DEL USO CONTRA MAL USO DE LAS COSAS, SENTIMIENTOS O SITUACIONES		
COSA SENTIMIENTO ESTADO	BUEN USO	MAL USO
CUCHILLO	Cortar las verduras, la fruta, un pan para comerlo y disfrutar de la comida. Herramienta para crear.	Matar.
AMISTAD	Para hacer buenos amigos, reunirte con personas sanas.	Para estar en contacto con personas negativas, con objetivos malos en la vida de otros.
PLACER	Es importante que todo el ser humano tenga placer, y éste se puede generar de distintas formas: disfrutando de una comida, las personas y la naturaleza, escuchando música, leyendo, etcétera.	El placer también te puede llevar a enrolarte en las drogas o en el alcohol en la búsqueda de un gozo irreal, sintético.

Como podemos ver en la tabla, un cuchillo te sirve para cortar la carne, para cortar las verduras, para hacer en pedacitos lo que está grande y lo puedas comer, digerir y disfrutar; también te puede servir para hacer esculturas muy lindas, pero un cuchillo también te sirve para matar, para destazar, para robar, para amedrentar, para poner en riesgo tu vida o la de otra persona; el cuchillo no es el problema, el problema es lo que hagas con él.

Aunque éste sea un ejemplo disparado, con el uso de las nuevas tecnologías ocurre exactamente lo mismo: todo dependerá de cómo y para qué lo uses, todo dependerá de cómo lo enfoques, si lo utilizas como una herramienta favorable y adecuada para ti o todo lo contrario: peligrosa, riesgosa o malintencionada. Así pasa con muchas cosas en la vida y el internet no es la excepción.

¿Cómo influyen las redes sociales y el internet en nuestro entorno?

Como lo he comentado a lo largo del libro, las redes sociales influyen en todos los sentidos. La razón es muy simple: es una nueva forma de vincularse y una nueva forma de comunicarse. La mayoría de las personas adultas, a ciertas edades se rehúsan —o nos rehusamos— a que se rompan y se dejen atrás las viejas maneras de relacionarnos.

De pronto queremos que nuestro mundo gire sólo en torno al que conocimos de jóvenes; queremos que todo permanezca y que las cosas no cambien. El tema que aquí nos incumbe, es que hoy muchos adultos piensan que sólo es correcto comunicarse a través de la presencia física (estar frente a frente con otras personas) o sólo a través de medios tradicionales. A veces nos es difícil aceptar que otra realidad diferente está sucediendo.

Sin duda, temas importantes para la convivencia como la empatía y asertividad —ponernos en los zapatos de los otros y poder decir lo que pensamos y sentimos de maneras correctas—, se han desgastado a través de la comunicación de las redes, pues es evidente que el lenguaje es otro.

En estos días podemos observar una gran insensibilidad generalizada en los chicos, en gran medida debido al abuso de las redes sociales, las cuales muchas de las veces bloquean su posibilidad de desarrollar la intuición emocional, es decir, de conectar directamente con la emoción del otro.

Para expresar sus sentimientos, algunas ocasiones los jóvenes ya no utilizan palabras, sino imágenes o emoticones (dibujos que representan la cara humana con alguna emoción como alegría, tristeza, enojo, etcétera), con los que los chicos distinguen o dan a conocer sus emociones y no a través de palabras o de la percepción del otro.

Un chico te puede decir que el otro está deprimido por la carita que puso, pero no es capaz de decirte que está deprimido personalmente, frente a frente; o no es capaz o no ha desarrollado la habilidad para distinguirlo espontáneamente. Es posible que uno note que hay una gran emoción en una persona a través de una «carita» o emoticón en WhatsApp, por ejemplo, pero no por su aspecto o por la presencia de la persona, de su estado anímico mostrado.

Lo que sí puede considerarse una realidad, más allá de aceptar o no los cambios tecnológicos, es que el abuso de las redes sociales está generando un proceso de desvinculación y distancias afectivas, por lo menos en un sentido personal.

No es raro hoy encontrar estos «grandes» enamoramientos de personas que ni se conocen; estos lazos entre dos personas que tienen una relación a distancia, que tienen una relación cuyo único vínculo es internet, y en donde pueden verdaderamente experimentar fases de enamoramiento, de pasión desbordada, de deseo sexual, de atracción física y de amor, pero sin conocer a la persona, situaciones que antes podían ser impensables, salvo en las historias raras de novelas románticas o de ficción.

En otros tiempos, también solía usarse la correspondencia a través de cartas físicas, pero al menos los implicados en las cartas se habían visto por lo menos una vez, y a partir de eso surgía todo lo demás.

En las redes se dan hasta relaciones con tendencias a casarse, sin que la pareja se haya conocido físicamente. ¿Por qué? Porque toda esta vinculación es a través de internet. Esto nos habla de que, efectivamente, las tecnologías de la comunicación han cambiado las formas y los modos y que debemos adaptarnos y hasta aceptar estas nuevas formas, pero la realidad es que también tenemos que luchar por hacer perdurable lo deseable y sano, como los vínculos personales.

Es decir: debemos intentar, en nuestro primer círculo, en nuestra familia, en nuestro día a día, que la interacción personal y física perdure. Debemos tratar de preservar las habilidades sociales que requerimos para funcionar adecuadamente en la vida.

No vivimos recluidos en una burbuja de la tecnología, las redes o las aplicaciones no lo son todo en la vida: debemos salir a trabajar, tener reuniones, salir al supermercado —aunque ya existen aplicaciones para comprar por internet—, caminar y tomar el transporte público.

Aún todas nuestras actividades requieren de un buen y sano desarrollo de las habilidades sociales para funcionar de manera adecuada en nuestra vida; habilidades que tienen que ver con la empatía y la capacidad de ponerte en los zapatos del otro; también tiene que ver con la compasión, es decir, sentir con el otro las cosas que vive; la capacidad de ser asertivo y de poder transmitir lo que uno quiere sin herir a los demás, sin lastimar a los demás, sin molestar; es decir, conservar la posibilidad de mantener el contacto presencial que cada vez se está dejando más y más a un lado.

Por supuesto que a nivel familiar esto influye de manera directa. Es evidente y claro que un papá o una mamá se comunican con su hijo cada vez más a través de mensajes de texto o por WhatsApp. Lo más impactante es que el niño, por decir un ejemplo, está sentado en la parte trasera del coche y la mamá en el asiento del copiloto. Otros papás, menos radicales que estos del coche, se envían mensaje de un cuarto a otro, en lugar de ir y hablar en la puerta de una recámara.

Esto genera distancia humana y familiar. El aislamiento emocional puede llegar a sr cada vez más grande en tu familia si no procuras el contacto físico y las habilidades sociales. Ésta es una de las preocupaciones y dudas de los padres que participaron enviando sus mensajes.

Ventajas y desventajas de las redes sociales

No me cansaré de repetirlo: las redes sociales están cobrando gran importancia en la sociedad actual, reflejando la necesidad del ser humano de expresión y reconocimiento, bien lo dijo Aristóteles: «El hombre es un ser sociable por naturaleza», pues para satisfacer sus exigencias físicas y espirituales necesita vivir en sociedad, y en el mundo contemporáneo las redes también facilitan a nuestro ser sociable. Cada herramienta, entonces, influye en nuestro modo de vida social.

Como todo en la vida, tiene ventajas y desventajas que quiero dejar claras en este momento:

Ventajas

· Reencuentro con conocidos.

· Oportunidad de integrarse a reuniones breves vía internet con fines lúdicos, de entretenimiento y profesionales.

· Contacto a nivel mundial desde tu ciudad o casa.

· Excelentes para propiciar contactos afectivos nuevos como: búsqueda de pareja, amistad o compartir intereses sin fines de lucro.

- Compartir momentos especiales con las personas cercanas a nuestras vidas.

- Perfectas para establecer conexiones con el mundo profesional.

- Tener información actualizada acerca de temas de interés, además permiten acudir a eventos, participar en actos y conferencias.

- La comunicación puede ser en tiempo real.

- Pueden generar movimientos masivos de solidaridad ante una situación de crisis. También las redes funcionan como un medio de denuncia social.

- Bastantes dinámicas para producir contenido en internet.

- Estamos informados inmediatamente.

- Puedes vender y promover tu marca, tus productos en tu colonia, en tu país o en el mundo.

- Puedes encontrar grupos afines a tus intereses: lectura, pasatiempos, etcétera.

- Son herramientas para aprender idiomas y acceder a materiales de otros países como películas y música.

Desventajas

· Son peligrosas si no se configura la privacidad correctamente, pues exponen nuestra vida privada, sobre todo si no estamos al pendiente de lo que nuestros hijos consultan.

· Pueden darse casos de suplantación de personalidad o robo de identidad.

· Pueden ser adictivas y devorar gran cantidad de nuestro tiempo, pues son ideales para el ocio.

· Nos llevan a perder habilidades sociales si nuestra vida gira en torno a ellas.

· Pueden apoderarse de todos los contenidos que publicamos.

· Pueden ser utilizadas por criminales para conocer datos de sus víctimas en delitos, como el acoso y abuso sexual, secuestro, tráfico de personas, etcétera.

· Si no se saben usar correctamente, pueden deteriorar nuestra comunicación.

· Las redes sociales pueden provocar rupturas amorosas en diversas relaciones, dada la fácil tendencia a desvirtuar la comunicación en los mensajes y los grandes malentendidos que se pueden generar.

- Es muy fácil no tener claridad en la verdadera intención del mensaje: generan malentendidos en familias, amigos, parejas e incluso en relaciones laborales.

- Estamos expuestos a crímenes.

- Sin supervisión, los menores de edad están expuestos a la trata de personas o pederastia.

- Puede distorsionar el sentido de realidad, pues lo que se encuentra en internet y en las redes sociales, no garantiza que sea cierto o correcto.

- Pueden generar, literalmente, adicción.

- Es fácil construir una apariencia e incluso una falsa autoestima.

- Enojo, envidia, depresión y aislamiento es frecuente encontrarlos en personas que pasan mucho tiempo y se comparan con los demás en las redes sociales.

Después de revisar estos puntos, es claro, como he dicho, que no se puede satanizar el uso de las redes sociales y el uso del internet como algo que esté afectando de manera directa a nuestra sociedad, como mucha gente lo quiere ver, pero también es una realidad que, efectivamente, algunos de estos cambios han ido desvirtuando ciertas características que se consideran deseables: la vinculación con el entorno, la vinculación con los demás, la socialización y las habilidades sociales, etcétera. Esto va mermando, alejando a la gente, la va aislando y estos elementos pueden generar depresión, enojo y envidia, entre otros sentimientos negativos. ¿Por qué sucede esto? En principio, porque las redes funcionan como un espejo, como una herramienta de constante comparación con los demás.

Sin embargo, no todo es malo. Hay muchas cosas que se pueden obtener, repito, todo depende de cómo y para qué usemos la tecnología.

No se trata de espantarse ni de alejar a nuestros hijos de las herramientas que llegan con la modernidad, porque los estaríamos limitando en su crecimiento y en su desarrollo, pero también implica un trabajo importante por parte de los padres para seguir trabajando en reforzar temas como la actividad física, el ejercicio, los límites en el uso de las redes, el generar mejores vínculos personajes y promover una buena comunicación personal.

Peligros y riesgos

Una de las situaciones que más preocupa a los padres es el tema de los riesgos en el internet y los peligros que nuestros hijos pueden enfrentar con el uso de las redes sociales. Y justo este apartado lo vamos a destinar a este propósito, hablar de cuáles son estos peligros, esos riesgos del uso del internet y que, al conocer su terminología y en qué consiste cada uno de ellos, nos permitirá poder prevenirlos, estar atentos, estar al tanto y por lo tanto evitar que esto suceda.

También es claro que tenemos que parar las antenitas para que, una vez que conozcamos estos términos, podamos buscarlos e identificarlos con los chicos, para evitar que esto crezca y hacer algo al respecto.

A continuación, algunos de los peligros de las redes, de internet, que pueden correr nuestros hijos. Los riesgos más comunes son el *grooming*, el *sexting* y el *ciberbullying*, los tres altamente peligrosos y riesgosos para nuestros hijos y familia. Hablaré brevemente de cada uno.

Grooming

Es una nueva forma de comunicarse y de engañar. Ésta consiste en que un adulto se conecta a las redes sociales y a través de un supuesto «cariño»≠ o confianza, se gana al pequeño o pequeña con un propósito generalmente sexual. Estos adultos aplican diversas conexiones emocionales y con ellas intentan disminuir las inhibiciones del pequeño para abusar de él, para insertarlo en el mundo de la prostitución infantil o la producción de material pornográfico.

Desafortunadamente, este problema va en ascenso, tan es así que la policía cibernética y diversas organizaciones han puesto en marcha campañas y medidas de seguridad, entre otras cosas, para evitar que este problema siga creciendo y los niños continúen siendo presa de estos individuos e incluso hasta chantajeados.

El *grooming* es algo similar al ciberacoso, pero no es lo mismo. La diferencia entre el ciberacoso y el *grooming*, es que en éste último el acosador es un adulto y existe una intención sexual. Adicionalmente, suelen obtener lo que quieren con un consentimiento manipulado por el adulto. No se trata de nuevos delitos o de delitos creados con las redes o la tecnología, sino que a través de ellas proliferan.

Según diversas organizaciones de derechos humanos y en contra del *grooming*, hay un método tradicional que tienen los agresores. El proceso suele durar semanas o incluso meses, variando el tiempo según la víctima, y que suele pasar por las siguientes fases, de manera más o menos rápida según diversas circunstancias:

· El adulto crea lazos emocionales (de amistad) con el menor. En algunos casos, a través de internet pueden simular ser otro niño o niña.

· El adulto va obteniendo datos personales y de contacto del menor.

· Utilizando tácticas como la seducción, la comprensión, la provocación o el envío de imágenes de contenido pornográfico, consigue finalmente que el menor se desnude o realice actos de naturaleza sexual.

· Se inicia el acoso, chantajeando a la víctima para obtener cada vez más material pornográfico o tener un encuentro físico con el menor para abusar sexualmente de él.

Sexting

Las legislaciones para regular este tipo de agresiones y delitos, están avanzando rápidamente en distintos estados de México y países de América Latina. Se está legislando tan pronto porque es necesario que no se aumenten los riesgos para nuestros hijos.

El *sexting* (también llamado sexteo) se compone de dos expresiones: *sex* y *texting*, ambas del inglés y que significa envío de mensajes sexuales, eróticos o pornográficos, y esto incluye imágenes, audios y videos. El problema es que estas imágenes muchas veces forman parte de alguna extorsión o simplemente de una divulgación abierta y causan daños psicológicos importantes en los adolescentes.

Sexting es casi una moda, pero bastante peligrosa. Se detectó en 2005, entre adolescentes de habla inglesa, principalmente. Se dice que en Estados Unidos, por ejemplo, el 15% de chavos entre 12 y 18 años practica el *sexting*. Este número nos da una idea de cómo está la situación.

Algunas de las razones por las que se envían mensajes de *sexting* es por romance, prueba de amor, coqueteo, impulsividad, presión de los amigos o pareja, venganza, *bullying* o intimidación o por chantaje.

Ciberbullying

Por otra parte, existe el conocido *ciberbullying* o acoso entre menores vía internet o vía redes sociales, que, por su carácter global, supone un alcance que puede llegar a generar daños no sólo al menor sino a su familia y amigos.

El ciberacoso (derivado del término en inglés *cyberbullying*) también denominado acoso virtual o acoso cibernético, es el uso de medios de comunicación digitales para acosar (o molestar) a una persona o grupo de personas, mediante ataques personales, divulgación de información confidencial o falsa, entre otras formas, que lastima, hiere, descalifica o agrede. Puede constituir un delito penal. El ciberacoso implica un daño recurrente y repetitivo infligido a través de los medios electrónicos

Recomendaciones

A continuación, algunos consejos que sugiero a los padres para proteger a sus hijos de los peligros del internet, redes sociales y herramientas electrónicas.

1) Cuando tu hijo y tú decidan entrar al mundo de las redes sociales, asegúrate de que en su perfil (información personal), esté configurada de manera adecuada la privacidad, de tal manera que sólo personas específicas y quien tu decidas, puedan revisar su información privada o de contacto.

2) Asegúrate de que tu hijo o hija tengan claros las siguientes sugerencias: que las personas que conoce por internet NO SON SUS AMIGOS, y no les deberá compartir información personal. Además, debes ser muy claro cuando les digas que no debe publicar información personal o familiar, como nombres, números de teléfonos, direcciónes, etcétera, en internet.

3) Para asumir responsabilidad, se debe ser consciente de las consecuencias. Como papá, debes dejar claro que al momento en que tus chicos publican una foto en internet, el control ya no lo tienen ellos, sino cualquier persona. Deben ser cuidadosos con tipo de imágenes que comparten en la red.

4) En internet debemos comportarnos con educación y respeto, de la misma forma que deberemos pedir que actúen con nosotros. Si actuamos con agresividad, recibiremos agresiones. Esto es importante aprenderlo tanto para las redes como para nuestro medio natural de contactos: la escuela, el trabajo y la casa.

5) Tu hijo y tú deben tener la suficiente confianza para que toda persona que intente amenazar o perjudicarlos en las redes sociales, sea denunciado. Son temas que deben ser abiertos en la familia. Deben saber que esto es común y que no tiene nada de malo o no son responsables de vivir o atravesar por esto, por eso es

importante abrir este canal de confianza y comunicación.

6) Si decides darle a tu hijo un teléfono inteligente o smartphone, debes desconectar la opción de geolocalización, lo que impedirá que cada vez que realicen un comentario en redes, se publique el lugar en donde está tú o él.

7) Guarden las conversaciones de los chats, más aún si son con desconocidos.

8) Dile a tu hijo que si percibe algo que no lo hace sentir bien en internet, te lo comunique. También hay que aprender a decir «no» a las cosas que no quiere hacer, y hacer saber (y brindar la confianza) de que los padres son los mejores amigos en esos momentos.

9) Aplicar controles de las páginas que puede o no visitar tu hijo o hija.

Como vemos, estos peligros, más allá de los que hemos venido mencionando como el robo de información o identidad, del hecho de que seas vulnerable y que puedan tener acceso a tu habitación y a muchos otros espacios, tanto que sean promotores de temas como el secuestro, atañen a nuestra familia, a nuestros hijos. Finalmente, nosotros, los padres responsables, nos protegemos de dar datos, uno se protege de los cargos con tarjeta de crédito, pero a veces los mismos chicos no se protegen de estos elementos que acabamos de mencionar y esto los pone en permanente peligro.

Habíamos hablado de que aproximadamente de que 30% de los chicos sí está preocupado por los riesgos que puedan vivir en internet, pero también habíamos hablado que lo realmente alarmante es que el 70% restante no esté preocupado por lo que pueda pasarles si descuidan su seguridad en internet, y esto hace que estén mucho más expuestos y tengan más riesgos. ¿Por qué?, porque no se cuidan ni se anticipan, no miden estos peligros, por lo tanto, tampoco hay un obstáculo que impida que se pongan en riesgo; por eso es importante que nuestros chicos, nuestros jóvenes e incluso los niños tengan oportunidad de conocer cómo evitar los riesgos y saber cómo abordarlos.

Hace poco tiempo tuve la oportunidad de trabajar con chicos de cuarto, quinto y sexto de primaria, lo que hoy le llaman «primaria alta», y es sorprendente cómo todo este tipo de problemas no se dan solamente en secundaria y preparatoria. Los chicos de primaria me narraban cómo han vivido los riesgos en internet, y recordaban cómo amigos habían sufrido diversas situaciones. Papá, mamá, no subestimes la edad de tu hijo ni los riesgos que pueden correr.

La información y la supervisión siguen jugando uno de los papeles más importantes en la prevención de los peligros y riesgos del internet.

Identificar lo negativo
y trabajar los miedos

¿Cómo no sentir miedo con nuestros hijos y familia? El miedo y la preocupación existen, y existen porque los riesgos son reales. Y el mecanismo del riesgo se da por lo vulnerables que pueden estar nuestros hijos ante cualquier situación, y ante el mal uso de cualquier dispositivo electrónico.

De no controlar o supervisar su uso, se convierten en una exposición permanente a los riesgos, como lo habíamos dicho antes: es como dejar a tu hijo en la calle toda la tarde sin saber con quién está, con quién va, a dónde va, qué visita, qué le están aconsejando, qué le están diciendo, con quién se está llevando o qué cosas está aprendiendo; es exactamente lo mismo.

Entonces, esta vulnerabilidad a la que los hijos están expuestos, se debe contrarrestar de alguna manera, e indudablemente la única manera real y efectiva de erradicar estos miedos (y esta vulnerabilidad) es a través de tres recursos: la información, la supervisión y la contención.

Información

Se refiere a la información que nosotros debemos darles, pero también la que nosotros debemos adquirir. Debemos procesar los datos recibida y hablar con nuestros hijos sobre los riesgos, los peligros, sobre lo que en realidad está pasando. Acordémonos que la juventud nos hace sentir invencibles o que a nosotros no nos va a pasar nada; es una característica de esta época, de nuestra vida. No es que los chicos no midan los riesgos, no es que no puedan anticipar las consecuencias de sus actos; el problema con los chicos es que tienen un esquema de omnipotencia que, aunque identifiquen los riesgos, los lleva a creer que los peligros son «normales», que a los demás sí les suceden cosas, pero que a ellos no les va a pasar nada. Esto los hace vulnerables, porque esa omnipotencia adolescente —por la que creen que todos son unos tarados menos ellos, que a quienes les pasan cosas negativas es porque son tontos—, los convierte en una presa fácil de pederastas, acosadores o extorsionadores. Insisto: lo único que puede aminorar el miedo, es la información que le demos a los chicos.

Supervisión

En segundo lugar, tenemos la supervisión, no por ello menos importante. La supervisión, por supuesto, es lo que más odian los chavos. Ellos están en contra de la supervisión, ellos defienden el tema de la privacidad como si se tratara del secreto de Estado más grande y delicado en el mundo. Los adolescentes son capaces de pelearse con sus padres, hermanos, tíos o con las autoridades en la escuela cuando su privacidad es violentada. Pero aun entendiendo que es uno de los elementos más álgidos, más sensibles de trabajar con un hijo —sobre todo adolescente—, la supervisión es forzosa, fundamental y obligada. Esto es lo único que nos va a poder ayudar a manejar estos miedos. ¿Qué sucedería si yo, en un momento dado, tengo suficiente supervisión en mi hijo sobre el uso de internet, las redes sociales, del ciberespacio y demás? ¿Qué pasaría si sé qué está haciendo, con quién está, qué tiempo invierte en las redes, a dónde se mete, quiénes son sus amigos, en qué redes sociales se mueve? Este miedo va a reducirse considerablemente. Sería muy distinto si yo no sé con quién está hablando y mi hijo sólo pasa horas encerrado en su cuarto, pero no sé qué ve, qué está haciendo... Esto va a incrementar notablemente el miedo en este tema.

Uso una analogía sobre la privacidad de una persona que me resulta útil en terapia y se las comparto: yo, adulto, con todo lo que implica ser un adulto responsable, tengo un trabajo, trato de tener todo en orden, que protejo mis exposiciones en las redes, que me cuido y que tengo un antivirus que protege mis contraseñas. Me cuido de no tener una exposición innecesaria o peligrosas. Cuido mis números bancarios, mis contraseñas, etcétera. Pero si un día llega la Secretaría de Hacienda (SAT) y quiere revisar mi estado financiero y mis impuestos, podrá tener acceso a mis bienes y cuentas. Lo va a hacer, aunque yo no lo desee o alegue que se invade mí privacidad. No me va a pedir perdón y ni las gracias me va a dar si no encuentra ninguna irregularidad, pero si en ese momento encuentra irregularidades me va a pedir cuentas y me va a sancionar, y no puedo reclamarle: ¡Hacienda, por qué entraste a mis cuentas y en mi privacidad!

Entiendo que hay un tema de privacidad, que debemos respetar las conversaciones privadas y el espacio de cada integrante de la familia. Eso está bien, pero hay una edad en la que debemos estar al pendiente de lo que sucede con nuestros hijos, saber si está o no bajando pornografía o información indebida y con quién tiene contacto.

Si está viendo series para su edad, o contenido no apto. Eso NO debería ser secreto.

Quiero dar otro ejemplo, quizá un poco más dramático, que también «violenta» la privacidad, y que pueden usarlo con sus hijos: si la policía cibernética recibe una denuncia de que alguien está traficando con pornografía infantil, y la persona está involucrada, la policía se meterá en sus redes sociales, a sus cuentas de correo, a los registros de su navegación, etcétera, y estas personas no podría estarse peleando con la policía porque está «invadiendo» su privacidad, pues está haciendo su trabajo, que es el de velar por la integridad de muchas personas. Y de resultar culpable, la policía investigadora puede llegar y la puede arrestar sin ningún problema y no importando los esquemas de privacidad. Los chicos hacen muchas cosas en internet, pueden ser capaces de hacer muchas cosas ilegales, como el mandar fotografías de menores de edad, dar datos confidenciales..., hay muchas áreas que los jóvenes rebasan en el ámbito de lo íntimo y privado, y pueden incurrir en ilegalidades. La privacidad es algo que es tuyo, los secretos y lo oculto es algo que suele ser incorrecto.

Un tema de límites, autoridad y contención

La privacidad de un chico termina en el momento en que está haciendo cosas ilegales, indeseables, encubiertas, ocultas y secretas; en ese momento su privacidad desaparece.

El tema de la supervisión es el peor problema con los chicos; es lo que más discuten, es lo que más alegan, es con lo que más te puedes pelear con ellos, pero es algo a lo que como papás, no podemos (o no debemos) renunciar.

He tenido muchos casos en los que los chicos dicen que no quieren que sus padres vean o tengan acceso a su celular. Les sugiero decirles: «A ver, mijito, ¿cuántos años tienes? (13, responderán, probablemente). ¡Perfecto! Como tú ya eres un hombre maduro, te voy a dar dos opciones: una, me das tus cuentas de acceso a internet, a tu teléfono, a Facebook y a todas las redes sociales, o te quito el teléfono. Tú eliges, tienes la opción 1 o la opción 2; la que tú prefieras». Y si él no te da los accesos, entonces retiras las computadoras y las pones en tu cuarto, porque no estás jugando. Es claro que en ocasiones no se trata de un problema de falta de ganas de supervisar, sino de un problema de autoridad en donde los hijos no acatan lo que los padres dicen.

Hay muchos chicos que se compran su smartphone o su computadora. Y porque son de ellos o ellos se lo compraron con su dinero o ahorros, querrían ser respetados en esa privacidad mal entendida. ¿Como es una herramienta de ellos, tendríamos la obligación de permitirles que hagan cosas indeseables, ilegales, inadecuadas o riesgosas? O, ¿tendríamos que permitirles usarlo de manera desmedida todo el tiempo que ellos lo deseen? Pues no, aunque el chico se haya comprado un smartphone, no puedes dejar de establecer métodos de supervisión y control.

No es tan difícil si lo vemos en sentido estricto. Los vas a tener tal vez en tu contra, sí, por supuesto que los vas a hacer enojar mucho, sí, pero ¿qué es preferible?, ¿echártelos en contra y enojarlos o exponerlos permanentemente a algo en lo que tú no puedes tener control?

Otro de los temas que debemos trabajar para reducir el miedo o erradicarlo es la contención.

Contención

Como lo comenté un par de páginas atrás, lo primero que debemos hacer es mantener informados a nuestros hijos, lo segundo es supervisarlos y lo tercero es contenerlos.

La contención o la restricción en el uso de las redes sociales y el internet es indispensable.

Tenemos que recordar que los niños son desbocados por naturaleza. Los mecanismos de autocontrol de un niño y de un joven no están formados. Si tú a un niño de dos años lo dejas comer lo que él quiera, y le pones el paquete de palomitas o el paquete de papas fritas o el paquete de dulces, es altamente probable que él coma hasta empacharse o hasta vomitar, porque no tiene un alto, una medida, un freno interno respecto al exceso.

Otro ejemplo más aterrizado sería el siguiente: si a un niño —hoy o antes— le permites el acceso a la televisión sin medida, sin restricción, es probable que un sábado esté de 12 a 14 horas enfrente a una televisión sin ningún problema. Lo mismo ocurre con internet, con el ciberespacio, con las series de televisión a través de servicios como Netflix. Si tú no marcas un control o un límite, ellos no lo crearán por arte de magia.

Si no tienen una medida o freno interno, será absolutamente necesario utilizar una medida externa, una medida que justamente frene el uso desmedido. Quiero ser clarísimo en este tema: no estamos hablando del uso, estamos hablando del **uso desmedido**, del **uso exagerado**, del uso que rebasa la posibilidad de que un chico esté haciendo otras cosas adicionales a esto, ese uso desmedido que los aísla, que los encierra, que los envicia. Ya existen palabras para ello, como la textofrenia, que es ese estrés que experimenta una persona cuando revisa su celular cada minuto, esperando mensajes que nunca llegan... o textiedad, que es la ansiedad o angustia que alguien experimenta después de que envía un mensaje de texto y no recibe respuesta.

Éstas son cuestiones desmedidas, desbordadas, pero si a un chico no se le ponen límites, no lo contienes respecto a esto o a cualquier otra cosa, como el ejercicio, las relaciones sociales (los amigos), la televisión, el internet, entonces no tendrán ellos referentes de aprendizaje para frenarse en otras cosas en el futuro y en la vida adulta. Alcohol, juego, velocidad, relaciones de pareja, etcétera.

Tengo chicos que si no les pones un freno, por ejemplo, al uso de los Legos, se pueden quedar ocho o diez horas jugando eso, sin hacer otra cosa. Como también me parece negativo que un chico sólo lea y lea, y se desvincule absolutamente de los demás por estar sólo leyendo. Todo exceso suele ser dañino.

Es altísimo el número de chicos y papás que llegan a mi consultorio diciendo que el uso de los móviles o pantallas es completamente desmedido. En algunos casos irracional y ridículo. Hay chicos que cursan la preparatoria y que estudian en el turno vespertino, por lo tanto, se acuestan todos los días a las cinco de la madrugada pegados a los dispositivos electrónicos y duermen toda la mañana; se levantan sólo para ir a la escuela y ésa es su dinámica. No es sólo una noche o algún día en el que el chico se desvela o está entregando sus trabajos finales y necesita dormir un poco menos. ¡No! Es porque diariamente quiere estar en las redes sociales a esas horas.

Yo creo que esos son esquemas indeseables, donde los pongas y como lo veas. Estamos hablando de chicos que no tienen medida, supervisión, contención y esta situación se alarga, generalmente produciendo verdaderos vicios y adicciones.

Actualmente atiendo a un joven de 23 años. Sus papás llegaron al consultorio muy preocupados porque el chico no socializa con nadie. Él va a la universidad y su única vida es el internet, los videojuegos y la escuela. No convive con familiares, amigos, no sale a la calle y prefiere estar jugando en línea. Se la pasa obsesivamente viendo el teléfono, la tableta, la computadora y con los videojuegos, ya a través de éstos, también tiene acceso a internet.

Estamos hablando de un chavo que se le está yendo la vida frente a una pantalla. Conocí al chico y él aparentemente está muy a gusto con su vida. Está muy molesto con sus papás, porque se meten en su vida. Él cree que sus papás no tienen ningún derecho a restringirle nada, porque cumple con la escuela y el resto del tiempo a sus papás no debe importarles. Desde que él llega de la escuela, desde el viernes en la tarde, hasta el lunes, que regresa a la escuela, está en su cuarto, sin vincularse absolutamente con nadie ni para comer o cenar. Sólo baja a la cocina y lleva su comida a su recámara. Él no tiene ningún problema con esto. ¿Es deseable la vida que este muchacho esta teniendo?

Si a los chavos no los restringimos, los frenamos, los contenemos respecto al uso del internet, muy probablemente llegarán a este tipo de situaciones, independientemente de que estén o no expuestos a muchos riesgos. Si no les ponemos un alto y un freno —que por supuesto van a odiar—, será desastroso. Tenemos que darles posibilidades de acceso y uso, de acuerdo a los tiempos recomendados y también de acuerdo a las posibilidades que cada familia tenga en la realidad. Porque hay tiempos que marca la teoría, las investigaciones, pero dista mucho de la realidad que vivimos en la cotidianidad. Por ejemplo, se dice que chicos de 13 a 17 años sólo deben estar entre dos y tres horas diarias. Y yo quisiera cuestionar realmente cuántos chicos de estas edades pasan ese tiempo, porque una cosa es lo que marque lo deseable y otra cosa es lo que en realidad está pasando en las familias.

Veamos los tiempos rápidamente, con ellos, puedes darte una idea, papá, sobre lo que se recomienda en todo el mundo y lo que se considera adecuado y deseable.

TIEMPOS FRENTE A UNA PANTALLA

EDAD	TIEMPO	SUGERENCIAS DE USO
0 a 3 años	Nada	Lo ideal es que nuestros hijos en esta etapa eviten el contacto con el mundo de las pantallas, pero si no se puede evitar por la influencia de hermanos o por alguna dinámica establecida en casa, solamente se recomienda no más de 30 minutos por día y supervisado por un adulto.
3 a 5 años	1 hora por día	En esta edad sólo se recomienda una hora diaria, entre semana, y máximo dos horas el fin de semana. Recuerda que si desde ahora pones límites, el resto de los años puede ser más manejable.
5 a 6 años	2 horas diaria	2 horas máximo al día y supervisado por un adulto.
+ 7 años	2.5 o 3 horas diarias	Algunos niños de 8 a 10 años, pasan equivocadamente casi 8 horas diarias frente a pantallas, y los adolescentes pasan más de 11 horas diarias.

Regresando al tema los peligros e implicaciones, resumiré un poco tanto los peligros de internet por usarlo más tiempo del debido, así como las implicaciones en la salud y las adicciones. Lee con atención la siguiente información.

PELIGROS DEL INTERNET

· Acceso a información confidencial.

· Tus hijos son presa fácil de compartir información si no adviertes ni das la educación necesaria.

· Contenido inapropiado y/o indeseable.

· Pueden tener acceso a contenido que puede afectarlos psicológicamente.

· Contenido no acorde a la edad.

· Un niño o adolescente debe crecer con la información adecuada, el entretenimiento adecuado. No permitas que se exponga a otros contenidos.

· Contenido sexual implícito.

· Muchos de los contenidos, si no estás al pendiente, pueden contener imágenes con contenido sexual, o puede ser tu hijo o hija el protagonista de esas fotos. La pornografía actual suele tergiversar o distorsionar la realidad de la sexualidad sana.

· Contacto con personas indeseables.

· No toda la gente es buena y tampoco todas las personas son quienes dicen ser.

· Exposición a agresiones, burlas y *bullying*.

· *Pasapack*.

· Mails con pornografía infantil.

Otra arista, las adicciones

Cuando hablamos de las nuevas tecnologías de la información y de la comunicación, cuando hablamos de internet, cuando hablamos de pantallas —computadora, tableta, celular, etcétera—, nos puede llegar a costar un poquito de trabajo como padres y como adultos en general. También nos puede parecer un exceso considerar a las redes sociales como un problema de salud pública o mental, sin embargo, hoy por hoy estas tecnologías están siendo catalogadas dentro de los problemas de salud e incluso dentro de los problemas de adicciones; sabemos que la palabra «adicción» no sólo se refiere al alcoholismo, o al consumo de drogas como la cocaína, la mariguana, el LSD o las anfetaminas.

Así como las adicciones se pueden generar en torno al juego, las apuestas, al sexo, entre un sinfín de actividades y sustancias, también las actividades extremas relacionadas con las pantallas, internet y las nuevas tecnologías pueden ser consideradas como parte de éstas.

Una actividad sana o una adicción a las pantallas se establece en el tipo y tiempo de uso. La Organización Mundial de la Salud y otras asociaciones consideran que el abuso de las plataformas electrónicas son la puerta a muchos trastornos. Aunque no impliquen el consumo de sustancias, el hecho de provocar algún tipo de distorsión de la realidad y la tendencia irrefrenable a las actividades relacionadas con la tecnología, nos provoca una afectación tan grande como lo haría una sustancia, por eso también se consideran adicciones.

Una de las definiciones que he usado a lo largo de mi experiencia como terapeuta —y que más me ha gustado para entender el tema—, es la siguiente: se considera una adicción cuando una persona prefiere utilizar alguna sustancia —en este caso los aparatos electrónicos— más allá y por encima de los problemas que puedan estarle ocasionando.

Es decir, una sustancia que genera problemas a nivel social, de salud, laboral, familiar; una actividad que genera problemas en las relaciones interpersonales, en el desarrollo físico, y que —con todo y el caos y grandes conflictos que genera— se elige y se prefiere por encima del bienestar, es motivo suficiente para hablar de un posible problema de adicción.

A continuación, vamos a abordar algunas implicaciones de la adicción a las nuevas tecnologías.

IMPLICACIONES DE LA ADICCIÓN A LAS NUEVAS TECNOLOGÍAS

· La Organización Mundial de la Salud (OMS) señala que una de cada cuatro personas sufre trastornos de conducta relacionados con las nuevas adicciones.

· Se puede hablar de adicción en todos aquellos casos en los que la afición interfiere en la vida diaria, o cuando se practica esa afición para no pasarla mal en vez de para pasarlo bien.

ENTRE LAS SEÑALES DE ALERTA QUE PUEDEN INDICARNOS UNA ADICCIÓN DESTACAN LAS SIGUIENTES:

· Una adicción puede identificarse fácilmente cuando la persona prefiere su afición o gusto por algo, por encima de los problemas que esto puede estarle ocasionando.

· Se observa pérdida de tiempo de estudio, con o sin malos resultados académicos. Cuando no hay una baja académica, los chicos suelen argumentar que no hay razón para prohibirles o restringirles su uso.

· Deterioro o menor dedicación a las relaciones interpersonales y a otras actividades que serían deseables, como el ejercicio o la convivencia.

· Incremento de las conductas que implican agresividad o intolerancia. Suelen volverse muy irritables.

· Sufrir ansiedad, irritabilidad, incluso malestar físico en caso de no poder utilizar el objeto de la adicción (síndrome de abstinencia).

· Adoptar actitudes preventivas resulta muy importante; pero en caso de sospechar que pudiera existir una adicción o problema relacionado con esto, se debe buscar ayuda profesional especializada.

Es claro que para muchas personas vincular el abuso de las redes sociales con las adicciones puede parecer exagerado o desproporcionado. Y si hablamos de los efectos en la salud y el bienestar, también puede parecer exagerado, pero hay investigaciones serias y formales que demuestran los efectos en nuestra salud. Vale la pena mencionarlos.

La mayoría de las veces, cuando nos referimos a los efectos en la salud, hablamos de problemas que ya tienen el estatus de delicados, no estamos hablando de un uso moderado de las redes sociales o del internet, estamos hablando de un uso excesivo que puede generar estas tendencias hacia las adicciones.

El efecto negativo en la salud y el bienestar, en la salud mental, el equilibrio, en la estabilidad puede variar de acuerdo al buen o mal uso de las pantallas. La consciencia sobre estos efectos nos permitirá tener un equilibrio entre nuestra parte académica, nuestra parte lúdica, nuestra parte social, nuestra parte de vinculación con el entorno —que va a ser afectada por el uso excesivo de las nuevas tecnologías—, y es por eso que vamos a hablar de las principales consecuencias.

EFECTOS EN LA SALUD Y EL BIENESTAR

· Problemas sociales: utilización de las nuevas tecnologías por tiempos prolongados provoca que las personas se relacionen muy poco.

· Sueños y descansos interrumpidos.

· Estrés.

· Lesiones en las muñecas.

· Problemas en la vista.

· Problemas en la columna vertebral.

· Copia de modelos inapropiados (seguir malos o indeseables ejemplos).

· Aislamiento.

· Irritabilidad.

· Texiedad: ansiedad o angustia con mensajes de texto.

· Textofrenia: estrés, en ocasiones extremo, por no tener los dispositivos electrónicos o actualizaciones o mensajes.

Hemos abordado los cómos en este tema de la vida real y de la vida virtual. Es un tema que los chavos de hoy siguen experimentando o comienzan a vivir; un tema que no podemos evitar. Vimos cómo las redes sociales, las pantallas y el internet se pueden convertir en un problema, siempre y cuando su uso no sea el adecuado, el normal.

Es importante que no dejemos de lado la influencia que el internet y las redes sociales tienen en el entorno de nuestros chicos y en el entorno de nuestras familias. Es real que se está perdiendo el contacto, la vinculación emocional, la comunicación verbal con nuestros hijos —a veces con toda la familia—. Esto es una realidad que se está viviendo en todas las familias, que podemos comprobar hasta en los restaurantes o en el comedor de nuestras casas, donde los integrantes de una familia conviven cada vez menos y chatean más; es claro que muchos adolescentes dicen que lo que más les gusta es usar su teléfono para cualquier cosa, y lo prefieren incluso por encima de salir de casa, de ir al futbol; prefieren estar frente a una pantalla que conviviendo o interactuando con otros chicos de su edad.

Esto es una realidad que estamos viviendo y, como he comentado a lo largo del libro, no lo podemos evitar; esto no significa que nos crucemos de brazos y nos conformemos con la realidad que está sucediendo, más bien tenemos que seguir trabajando, inculcando en nuestros hijos valores, principios y modales que se reflejen incluso en el mundo virtual. Los modales son modales en el mundo real o virtual. Los principios y valores tienen que perdurar, de lo contario nos desensibilizamos.

Prevención de los peligros
y riesgos que tiene el internet

Los peligros y los riesgos existen, pero tampoco debemos satanizar el internet o las redes sociales, no se trata de pensar que todo está mal ni que nuestros hijos están destinados al secuestro, a las bandas, al narcotráfico, a la trata de blancas o tal vez al acoso. No. Se trata de ser suficientemente conscientes de que estamos en un mundo distinto, en una época distinta a la que nosotros vivimos cuando éramos adolescentes. Nuestra tarea es adecuarnos a ellos y su tiempo con la suficiente prevención; prevención que vamos a ligar siempre con tres factores que se han mencionado anteriormente que es por un lado, la **información** que nuestros hijos deben tener respecto a la tecnología, es decir, ellos deben de conocer perfectamente cómo es este mundo y cuáles son los riesgos a lo que se enfrentan. Nuestros hijos necesitan contar con información veraz, con información objetiva, con candados suficientes a través de la **privacidad** de los medios de comunicación y de las redes sociales, y también a través de la **contención**, es decir, contener a nuestros hijos en el uso para que no se convierta en abuso de las redes sociales. Creo que esta nueva tendencia respecto a todas las nuevas tecnologías dan pie a que saquemos lo mejor de todas ellas y que evitemos lo malo de esto.

Es claro que una de las dudas más frecuentes que los papás tienen respecto al tiempo que se debe dedicar al uso de los dispositivos y hemos hecho hincapié, es que la teoría marca ciertos tiempos, en los que en niños menores de tres años no es recomendado —o máximo media hora con supervisión—, en el caso de niños mayores de tres años ya empieza a subir el tiempo hasta llegar a los jóvenes y a los adolescentes, en donde decía que un tiempo razonable es de dos horas y media a tres horas, pero que la realidad supera por mucho estos tiempos. Se trata no de lo que idealmente debe de ser sino lo que en realidad está sucediendo con los chicos, es por ello que debemos de contener los tiempos, para evitar los vicios, la adicción a los dispositivos electrónicos y que por supuesto también podamos evitar los daños en la salud.

3ª PARTE

Consultorio para padres

Como he dicho a lo largo del libro, parte de la columna vertebral de este título son las dudas, la vida diaria, la cotidianidad y las preocupaciones que tienen los padres de familia con sus hijos, o los familiares con sus sobrinos, nietos, hijos de nuestros amigos, etcétera. Es importante que cada inseguridad, miedo, duda y preocupación de los papás sean atendidos. Lo primero que debemos hacer frente a la incertidumbre es investigar, reunir toda la información en torno al tema que nos preocupe, sobre todo si las dudas parten de prejuicios o meras suposiciones. Estar informados siempre nos dará claridad en cualquier circunstancia.

Las vivencias y la vida cotidiana de los padres, desde los pequeños detalles como acompañar a nuestros hijos por la mañana a la escuela, estar los fines de semana con ellos y verlos cómo se involucran, a veces en extremo, con las pantallas, ha obligado la escritura de este libro. Como terapeuta, sé que ahí están las verdaderas preocupaciones de los padres para el diario desarrollo de nuestros hijos.

Como les contaba en los primeros capítulos, a través de mis redes sociales —más mi experiencia en el consultorio— lancé la pregunta de qué era lo que les preocupaba a los papás en relación con sus hijos y las redes sociales. A continuación, expondré algunas de las dudas que muchos de ustedes me hicieron el favor de hacerme llegar, justamente a través de las redes sociales. Algunas de ellas fueron resumidas o intercaladas con otras dudas de la misma índole. A cada persona que contribuyó le doy las gracias y una breve respuesta, aunque por supuesto que considero que las respuestas más generales y específicas están plasmadas a lo largo de todo el libro.

Dudas

¿Cómo puedo evitar que mi hija de siete años no se atarante con su tableta o la televisión?
Recordemos que, así como nosotros, en nuestra adolescencia, nos obsesionamos con la televisión y teníamos que ser restringidos por nuestros papás en los horarios para verla; ahora, como padres, tenemos que restringir a nuestros hijos el uso de las tabletas y la televisión. Ya se recomendaron algunos tiempos de uso, pero lo que es importante es que entendamos lo que es la contención y la restricción, esto va a hacer la diferencia. En este punto también debemos recordar el tema de la autoridad, porque si no asumimos nuestra autoridad, y queremos restringir, resultará muy complicado. Debemos restringir con autoridad.

¿Hay que educar a los padres que pasan horas en sus pantallas? ¿Cómo hacer entender a una familia que esto no es correcto?

Como lo he mencionado, el uso de las tabletas y los dispositivos electrónicos también es un tema que se relaciona con el ejemplo que les demos a los chavos. Si muchos de nosotros utilizamos de manera desmedida los dispositivos, pero queremos educarlos de manera distinta, será complicado. Debemos educar con el ejemplo, así como fomentar otro tipo de actividades y prácticas, entre ellas la comunicación. Por otro lado, también es importante que se pongan reglas específicas. Hay una que suelo recomendar a los papás: cuando se trata de asuntos laborales o cuestiones importantes familiares, será permitido el uso de la tableta, celular o redes sociales, porque es importante, porque es un asunto de trabajo, pero cuando estamos en familia y lo único que nos tiene atados a la red o al teléfono inteligente es de índole social —para estar platicando con los amigos— o de entretenimiento, debe de restringirse. Es evidente que esto con los chicos esto es muy difícil, pero con los adultos, después de crear un poco de consciencia, se puede hacer.

¿Cómo diferenciar entre el uso creativo y de desarrollo intelectual y escolar y el abuso de los dispositivos?

En principio, es importante entender que los tiempos han cambiado. Es una realidad que a muchos chicos les dejan tareas que deben realizar con las herramientas de internet o tienen que estar en comunicación a través de las redes sociales. Incluso llegan a tener grupos en aplicaciones como WhatsApp, en los que se comparten información sobre las materias, los maestros, las juntas, etcétera. Otra realidad es que los niños necesitan buscar información en internet. La diferencia radica en la supervisión, y ¿por qué me refiero a la supervisión?, porque los chicos suelen engañar a los padres diciendo que están haciendo cosas de la escuela, que están haciendo cosas creativas o intelectuales, cuando en realidad están haciendo cosas completamente lúdicas, de entretenimiento o esparcimiento a través de videos en YouTube, por ejemplo. Creo que la supervisión, la cercanía, el hecho de tener una computadora a la vista de todos o el dispositivo a la vista de todos o la supervisión de los historiales —que son fáciles de revisar, en el área de configuraciones— y demás, es esencial. Este tipo de acciones te darán una pauta clara para saber qué es lo que están haciendo nuestros hijos. Otro detalle a tomar en cuenta es que, aunque los chavos utilicen los dispositivos para las tareas y demás, es un hecho que no lo van a usar ser todo el día, ni ocho o diez horas. Los chicos engañan, los chicos, con un sólo clic, pueden cambiar de pantalla e incluso cerrar pantallas para hacer creer a los padres que están trabajando. La supervisión, la cercanía y la revisión de los historiales nos puede marcar una diferencia.

Me preocupa que muchos adolescentes desaparezcan y sean secuestrados por falta de seguridad en las redes sociales.

Claro, es una preocupación fidedigna. Ése es parte del eje de este libro. La sugerencia es que supervises los contenidos de tu hijo, apliques las recomendaciones que aquí se dan y ejerzas los controles de seguridad de cada aplicación para que su navegación sea segura. Infórmate y apóyate con los expertos en seguridad. Es importante.

¿Cómo poner límites a mi hija de 13 años para que entienda que hay un tiempo para usar la tableta y otro para la familia?

Aquí debemos retomar y recordar algunos elementos de preguntas anteriores: los límites y la autoridad juegan un papel muy importante no sólo para el manejo de los dispositivos y de las redes sociales, sino también para la educación y formación de nuestros hijos. El hecho de que nuestros hijos no respondan a nuestros lineamientos, reglas, órdenes o instrucciones nos habla de una seria cuestión de casi inexistencia de límites y autoridad por parte de los papás. Recuerda que si existe una autoridad firme o consistente, que se respeta, será más sencillo marcarle a un chico de casi cualquier edad que tiene que restringir el uso de los dispositivos electrónicos. Esto es parte de lo que tiene que ver con la orden o la instrucción que demos, y que ésta sea respetada.

Mi hijo de 17 años no se despega de la computadora ni el iPad. ¿Qué hago?

Creo que la respuesta está asociada a la anterior pregunta. Los temas que tenemos que trabajar son la contención y la restricción. Acuérdense de que no se trata de prohibir el uso, sino de restringirlo, todo exceso es malo, y los chicos deben entender que el uso de los dispositivos electrónicos en exceso también es malo; si ellos no tienen este freno, tendrá que darse a través de nuestra contención.

¿Qué tanto puedo revisar o meterme en las redes sociales de mi hijo para revisar con qué tipo de personas tiene contacto?

Puedes revisar tanto como sea necesario. Recordemos que no podemos dar carta abierta a todo lo que nuestros hijos estén haciendo en las redes, porque ahí es donde están los riesgos. No me dices cuál es la edad de tu hijo, pero también estamos haciendo hincapié en que la supervisión se debe dar prácticamente en todas las edades. Si nuestro hijo ya tiene más edad —18, por ejemplo—, usa su propio celular o tiene su privacidad, y nosotros tenemos la necesidad de soltarlos, recuerda otra situación que podría ser útil: cuando tu hijo sale con sus amigos por la noche, uno como padre supervisa con quién va, a dónde va, etcétera, debemos supervisarlos para estar tranquilos; lo mismo sucede con las redes sociales.

A mi hijo de 15 años lo descubrí enviando fotos de su cuerpo a una mujer casada, y a su vez recibiendo fotos de ella, que tiene 28 años. No sé si decirle que lo sé o seguir como hasta ahorita, que sólo le hablo sobre los pros y contras.

Creo que es difícil contestar a esta pregunta, porque no sé cuáles son las condiciones generales de tu familia. No sé cuál es el grado de comunicación entre tú y tu hijo, o el grado de apertura y confianza. En principio, es cierto que si tú le dices que tienes esta información, vas a bloquear un poco los canales de comunicación, y al mismo tiempo vas a hacer que él se cuide y se proteja más de que tú lo veas, también impediría que lo sigas checando, pero también recuerda que de lo que se trata es de proteger y cuidar a nuestros hijos. No podemos suponer —o asumir totalmente— que nuestros hijos tienen la madurez suficiente como para estar equilibrando en todo momento lo que está bien o mal. En un contexto estricto, sí, tendrías que confrontarlo, para que él pare estas acciones y se cuide de nuevas y futuras exposiciones; en cualquier circunstancia, debes de tener la posibilidad de seguir supervisando.

Mi hija adolescente está todo el tiempo en el celular y en las redes sociales, sé que es necesario para la secundaria, pero no tiene amigos cercanos.

Volvemos un poco a lo mismo, la restricción en el uso de las redes sociales, el internet y los dispositivos electrónicos es algo que tiene que usar en la escuela. Pero si tu hija no tiene amigos, será más difícil que los haga si sigue sólo inmersa en el celular sin convivir abiertamente con ellos, por eso habrá que medir un término medio, un punto medio entre el uso de estos dispositivos y la posibilidad de realizar otro tipo de actividades que le permitan tener un ámbito social más amplio. Tal vez le serviría a tu hija entrar a la práctica sistemática de algún deporte, o participar en algún grupo de jóvenes, adolescentes, ya sea de la iglesia, de scouts, musical o de futbol, es decir, que tenga otro tipo de actividades, pero el hecho de que no tenga amigos no justifica que use desmedidamente el dispositivo o tampoco justifica que por tener muchos amigos entonces también lo puede utilizar.

¿Cuál es el tiempo adecuado del uso de la tecnología en los niños?

Ya lo hemos mencionado en capítulos anteriores, en niños menores de tres años prácticamente no se recomienda el uso de dispositivos, a partir de los tres años estamos hablando de aproximadamente media hora para después pasar a un tiempo de dos horas, dos horas y media hasta incluso los adolescentes que puedan pasar alrededor de tres horas frente a estos dispositivos. Lo habíamos mencionado, parece de pronto mucho tiempo tres horas, pero si vemos las estadísticas, los jóvenes hoy por hoy están pasando hasta 10 u 11 horas frente a los dispositivos, por lo tanto, tres no es demasiado.

¿Cómo se establecen reglas de uso en casa sin afectar la educación o las reglas escolares?
Creo que es importante que nosotros diferenciemos, como lo comenté en preguntas anteriores, entre el uso escolar y el uso creativo de las redes sociales. Debemos aprender a diferenciar entre el uso intelectual y el lúdico. El uso sólo de redes sociales y de intercambio social. Aquí el truco es la supervisión. Estar al pendiente de lo que nuestros hijos hacen es parte de lo que nos va a dar esta respuesta; por otro lado, para establecer reglas podemos usar la lógica de las reglas que hay para otras dinámicas, como salir de casa, los horarios de la comida, o para hacer la tarea... Es decir, estas reglas se tienen que diseñar desde casa, y quizá debemos hacer hasta un reglamento por escrito, real, o por lo menos hablado, sobre el uso de las pantallas y redes, por supuesto, restringiendo su uso en las comidas, en reuniones sociales, en fin, según las estadísticas que cada quien tendría... En este libro se proponen algunas de las reglas que deben de establecerse para su uso.

Mi hija descubrió que sus amiguitas ya tienen «cibernovios», y ahora las reuniones que hacen son sólo para estar conectadas en internet. ¿Qué piensas?

Pienso que está bastante mal, que cada día se están promoviendo más a través de estos recursos cosas que terminan siendo indeseables, si de por sí la posibilidad de tener un novio presencial es complicada, pues poco lo conoces y tendrías que ser muy cercano a la familia, al padre, a la madre, para saber qué tipo de chicos están saliendo con tus hijos o con tus hijas. En el caso de los «cibernovios», existe una implicación y connotación aún más riesgosa y peligrosa. El problema de los chavos de hoy —y casi de todos los chavos— es que asumen como «normal» aquello que todo el mundo hace sin, muchas veces, siquiera cuestionarse si está bien o mal, o si es deseable o no es deseable; sólo lo consideran normal porque todo el mundo lo hace. Esto es algo que tenemos que restringir, algo con lo que debemos trabajar para crear consciencia en nuestros hijos o hijas, y crear consciencia no sólo respecto a las implicaciones de cada acto, sino también de lo que es y no es correcto, de lo que sí está bien y lo que no; por lo tanto, creo que tendríamos que restringir considerablemente este tipo de tendencias o modas.

Ahora las familias comen con el celular en la mano. ¿Cómo generar tácticas o actividades para que esto no suceda?

Parezco disco rayado, pero es necesario que vuelva a hablar de la contención y la restricción. Es decir: si yo permito que a la hora de la comida todos estemos con el celular, será una práctica que —por hecho— será siempre permitida, y que indirectamente se está fomentando. Si yo, por el contario, restrinjo el tiempo primero en nosotros, los papás, y posteriormente en los hijos el uso de los dispositivos durante la comida, evidentemente vamos a apoyar para que se generen las condiciones para que esto no suceda. La contención y la restricción serán siempre nuestros aliados.

Tengo un niño de 10 años que se conecta en los juegos con gente que no conozco. Y le explico que no todos pueden ser niños. ¿Cómo manejar los límites?

Ésta es una pregunta que, como muchas, tienen diversas implicaciones o connotaciones. Yo no puedo pretender —como lo he comentado ya— que mi hijo de 10 años tenga la conciencia, madurez, sensatez y prudencia necesarias sólo porque yo le explico que esas personas con las que juega pueden no ser niños, y que sólo porque yo le comente eso él restrinja y limite su uso. Él lo que quiere es jugar y lo que le interesa es estar conectado, a un niño lo que le interesa es jugar con quien sea, hacer lo que le divierte y lo que quiere. La pregunta obligada aquí es, papá, mamá, ¿de verdad deberíamos sólo esperar a que el niño genere consciencia y deje de jugar simplemente porque le explico los riesgos? La respuesta es NO. Un niño necesita no solamente que se lo expliques, sino que lo controles, le pongas límites, reglas, y si en un momento dado él no entiende estas reglas, entonces debemos ejecutar acciones consecuentes que limiten esta práctica de manera mucho más tajante.

Quiero compartir una experiencia muy fuerte. Me vi en la necesidad de denunciar al exnovio de mi hija por subir unas fotos muy fuertes a internet de ella; dos sí son ciertas, las demás están alteradas, no es mi hija. Mi vivencia ha sido muy fuerte como mamá, la he pasado mal y afortunadamente ya voy de salida, tengo a mi hija en terapia porque afectaron su autoestima.

Es muy fuerte lo que nos compartes. Te agradezco que nos cuentes esta historia con tu hija. Papás, mamás, esto es parte de lo que vivimos todo el tiempo con el tema de las redes sociales. Los chicos no lo entienden, los chicos creen que no les va a suceder nada, pero la realidad es que sí suceden cosas. Tu hija, por supuesto, no tuvo la capacidad para prever todas estas consecuencias, y no podemos suponer que las iba a tener, los chicos son aventados, inconscientes, y es por eso que no solamente la explicación ni la información son suficientes, sino que éstas se complementan con la supervisión, la contención, la restricción aun cuando de pronto nuestros hijos puedan quejarse.

¿Cómo puedo hacer que no vean vídeos o escenas con groserías habladas y actuadas?

Si tú eres consciente de que tus hijos están viendo videos con escenas llenas de groserías, quiere decir que tú estás supervisando a tu hijo, y que te estás dando cuenta de lo que está haciendo. Por lo tanto, me parece que automáticamente él tendría que tener una consecuencia por esto. No es sólo explicarles y decirles y pedirles «por favor» que lo dejen de hacer, es restringirlo —a veces— de manera tajante, firme y definitiva. Tú ya lo viste, entonces quiere decir que estás consciente y b observando. Ahora, creo, deberías frenarlo.

¿A qué edad es conveniente tener un celular?

Parte de lo que hemos manejado en este ejemplar son las consecuencias negativas que las redes sociales están teniendo en la vida cotidiana de nuestros chicos, sobre todo en la vinculación presencial, que no solamente implica reducir nuestras habilidades para establecer contacto directo con las personas, sino también el desarrollo de habilidades sociales como la empatía, asertividad y la consideración que son prácticamente nulas en una comunicación digital. Es por eso que considero que debemos promover mucho más la vinculación en persona, para que también aprendan a desarrollar las habilidades sociales que se requieren justamente en una relación de persona a persona. Permítame explicar más sobre estas dudas, que son de las más frecuentes en los papás. Tenemos que recordar que son muchos los factores que entran en juego. El primero es el tema social. Los chicos que entran a etapas como la adolescencia, muchas veces viven con una especie de presión social. Ellos quieren tener lo que el amiguito de junto tiene, y si el de junto tiene un smartphone, entonces querrán lo mismo o algo parecido. Otro factor tiene que ver con ver las necesidades de cada uno de los chicos, de pronto, el hecho de que estén comunicados, de que sepamos dónde están y con quién, el hecho de que ellos tengan la posibilidad de llamarnos cuando salen de una clase, y demás, hace necesario que tengan un teléfono, pero esto hace que estemos muy conscientes del tipo de celular que debemos de darles a nuestros hijos, porque muchas veces les damos un celular para que estén comunicados, pero es de última generación, con lo que eso implica. Tenemos que ir en gradiente, en grado, poco a poco. Podemos empezar con un teléfono con las funciones básicas. Para muchos profesionales de la salud mental —y según las reglas de las mismas compañías de tecnología— un celular no puede ser entregado, no puede ser dado antes de los 12 años, porque no hay una verdadera necesidad de tenerlo antes de esa edad. La edad también variará dependiendo de las necesidades de cada familia.

¿A qué edad se deben usar aplicaciones como WhatsApp y en general redes sociales como Facebook?

Cada red social tiene sus términos de uso. Hasta ahora, la media es de 13 años, pero sugiero que vigiles el contenido y acciones de tus hijos.

¿Cuánto tiempo es conveniente que le dediquen a esto por día?

En páginas anteriores dimos información basada en diversas investigaciones. Aunque la realidad es diversa, las recomendaciones son: de 0 a 3 años, nada de tiempo. De 3 a 5 años, máximo una hora por día. De 5 a 6 años, máximo 2 horas por día. En todos los casos debe estar supervisado por un adulto.

¿Debemos los padres tener acceso para estar al tanto de lo que ven o comparten o con quién se relacionan?

Así es, debemos supervisar.

¿Por qué los maestros le dan tanta importancia a los dispositivos electrónicos y a las redes sociales que ya todo lo quieren por estos medios?

No podemos ser ajenos a los cambios en los diversos accesos a la información. En la mayoría de las instituciones educativas, los dispositivos electrónicos son importantes. Su buen uso nos permite acceder a una gran cantidad de información educativa y formativa. Ésta es la parte positiva de las redes sociales.

¿Cómo podemos retomar los valores que intervienen en una comunicación donde existe el contacto visual?

Los valores se deben inculcar para todas nuestras dinámicas. La educación incluye la vida virtual y real. La educación es una, su uso puede tener diversas salidas. Debes continuar inculcando buenos valores a tus hijos y familia, sea cual sea el medio en el que se desenvuelva.

Mi hijo va muy bien en la escuela, pero los videojuegos ahora son su vicio, no le gusta hacer actividades al aire libre, ni andar en bici, nada...

Tenemos que promover otro tipo de actividades, tal vez sirva el comparativo que hago de nuestra adolescencia, cuando pasábamos horas en la televisión, enajenados, y preferíamos estar pegados a la televisión todo el tiempo sin salir a jugar o hacer algunas actividades; pues es exactamente lo mismo con nuestros hijos, pero hoy tienen a su servicio los dispositivos electrónicos. Lo negativo es que ese vicio se convierta en adicción, y la adicción finalmente no es buena desde ninguna perspectiva. Si él no está teniendo la posibilidad de frenarse y de contenerse en su uso pues tendrás que ser tú quien frene y restrinja ese uso de manera obligada.

Tengo una hija de dos años y medio, tiene su iPad para sus películas de Disney, pero descubrió YouTube y no deja de verlo y es difícil controlar el contenido. ¿Es correcto?

No, no creo que sea correcto. El hecho de que tu hija de dos años y medio tenga un iPad es algo que tendríamos que cuestionarnos. El segundo asunto que tendríamos que cuestionarnos es el hecho de que vea películas de Disney tantas horas, de acuerdo con los tiempos que están sugeridos en este libro y de acuerdo a todas las investigaciones, no es correcto. Y en tercer término, el hecho de que haya descubierto YouTube no significa que lo pueda usar, y peor aún que lo pueda utilizar a destajo. ¿En qué momento será posible que la niña use el iPad sin la supervisión suficiente para que no puedas controlar el contenido de YouTube? Creo que la respuesta a esta pregunta tiene que ver con los padres, si tu hija tiene acceso a YouTube y tú no lo quieres, para empezar, debes controlarlo. Hay un YouTube Kids, quizá sea bueno que lo tenga, y si no lo deseas, borra la aplicación y se acabó el problema. También me cuestiono cómo es que tu hija de dos años y medio tiene un acceso tan abierto a una tableta. Creo que esto está mal visto desde todas las perspectivas.

¿Cómo pedirles a tus hijos que identifiquen los peligros y te lo comenten inmediatamente?

Informándolos y supervisando el uso de los dispositivos.

¿Cómo afrontar los peligros de la red?

Primero que nada, estando informados, tener en cuenta los parámetros de seguridad de cada red social. Cada aplicación, dispositivo tiene controles para niños, investiga y úsalos. Si es muy complejo en este momento, acércate a una persona que tenga habilidades para ello y restringe el tipo de contenido. Palabras mágicas, recuerda: contención y supervisión.

Mis familiares quieren regalarle a mi hijo de 7 años una tableta, y yo no quiero. ¿Qué hago?

Pon límites, habla con tus familiares de lo que no estás de acuerdo, y explica tus razones.

Mi hijo de 11 años está obsesionado con los aparatos electrónicos, llámese celular, tableta, computadora. Él es un niño que tiene facilidad para armar todo lo que se imagina con sus piezas de LEGO, así como con plastilina, algo que siempre hace con esto son armas (pistolas). Me preocupa esta obsesión. Tengo que mantenerlo ocupado y le he retirado todos los aparatos, pero ha llegado a tomarlos sin permiso. ¿Qué repercusión tiene? ¿Cómo me ve al prohibirle lo que en apariencia le satisface?

Ninguna obsesión es deseable en lo más mínimo. Ni en éste ni en ninguno. La obsesión implica ideas recurrentes, inclusivas, permanentes sobre algo, sobre un objeto, sobre un gusto, sobre un placer y ya por el simple hecho de ser una obsesión no es recomendable. El hecho de que haga armas nos está hablando de lo que el niño trae en la cabeza, y seguramente también implica lo que está viendo en los videojuegos, que fomentan el tema de las armas, la guerra, la violencia y demás. ¿Qué repercusiones puede tener? La obsesión, la adicción en sí misma a los videojuegos, poner la atención de otras actividades en dispositivos electrónicos, y también afecta a las relaciones sociales y el aislamiento que esto implica. ¿Cómo te ve a ti al prohibirle, en apariencia, lo que le satisface?, seguramente te verá como la mala, sin embargo, el hecho de que no te vea como la mala no es razón suficiente para seguirle permitiendo que su obsesión crezca. Creo que tendrías que tomar la decisión de si quieres ser una mamá buena onda exponiéndolo a todo lo que acabo de mencionar —y a todo lo que el libro plantea— o si prefieres ser una mamá estricta que restrinja, que contenga, que supervise, que no permita y que oriente a su hijo hacia la realización de otras actividades más deseadas.

¿Cómo manejar el tema de la pornografía con mis hijos?

Lo hemos dicho a lo largo de todo el libro. La pornografía prolifera en internet, y parte de lo que tenemos que hacer es hablar con nuestros hijos acerca de ella. La pornografía genera una gran atracción, mucho morbo, por lo que se vuelve muy emocionante. Tiene repercusiones importantes en la vida de los chicos, sobre todo en la distorsión de la realidad que genera; la realidad está muy lejos de esta condición, por lo tanto, sí hay que hablar sobre la pornografía con nuestros hijos, hay que decirles que existe.

¿Hasta qué edad debo de supervisar sus redes sociales y mensajes?

Creo que hasta que sean mayores de edad y que sepas que tus hijos pueden ser autosuficientes o independientes económicamente. Independientemente de que el chavo pague su celular o que pague su plan de datos, etcétera. Si estamos hablando de un menor de edad y está bajo tu supervisión y cuidado, tendría que tener un nivel de supervisión. Vale la pena hacerlo. Si me pides edades, diría que a los 17 años ya podrías empezar a soltarlo un poco más.

Me preocupa la gran cantidad de información que tienen a la mano, sea o no adecuada con su edad, aun con la restricción para padres en los dispositivos. ¿Cómo hacerles ver que hay información que todavía no es para su edad?

Creo que tienes muchos recursos para poderles hacer entender esta circunstancia a tus hijos, las películas que se ven cotidianamente en el cine pueden ser una forma bastante sencilla de hacerles ver que hay clasificaciones para diferentes edades, los videojuegos también tienen un contenido muy específico respecto a la clasificación, por lo tanto, como ejemplo de lo que niños de diferentes edades pueden ver y pueden acceder me parece que puede resultarte bastante útil. Si YouTube y algunas de las otras redes sociales no tienen esta restricción de edad, tú debes poner un filtro, una frontera entre lo que es adecuado y no para niños de su edad. Otra cosa que tienes que decir es que finalmente tampoco tú lo inventaste, que tú no eres la necia o el necio que está obstinado porque hay cosas que no pueden ver, sino que las mismas investigaciones, los científicos, los creadores de los videojuegos, las páginas o los productores de las películas saben perfectamente que hay una restricción en la clasificación y que, aunque tú no lo hayas inventado, existe y van a tratar de mantenerla.

¿Cómo saber si el internet está conformando una herramienta positiva o negativa para mis hijos?

Indudablemente creo que la forma de saberlo es simple y sencillamente identificando qué es lo que está haciendo tu hijo con esta herramienta, y al saber lo que está haciendo sabrás para qué está siendo utilizada. Si se usa como una herramienta positiva para comunicarse, para tener relaciones sociales que sean adecuadas, para comunicarse contigo, para buscar información, para recibir algunas instrucciones de la escuela o para entregar trabajos, para ver tutoriales y aprender trigonometría o para poder armar o desarmar, o para aprender algún oficio o satisfacer algún gusto, preferencia o *hobby*, son cosas que está utilizando de manera positiva; si lo está haciendo para ver videos de porquerías, irreverentes, irrespetuosos, groseros, pues creo que ahí estás dándote cuenta claramente que es una herramienta negativa.

Un niño de 9 años golpea a su madre porque le quitó el celular. ¿Qué se hace en estos extremos?
Buscar ayuda profesional de manera urgente, porque creo que no es un tema del dispositivo, no creo que sea un tema de los aparatos electrónicos, no creo que sea un tema que refleje una obsesión del niño por un celular... Me parece que tienen un serio problema de autoridad, un serio problema de respeto en donde el niño se brinca los límites y las trancas de una manera increíble, de una manera totalmente agresiva. ¿Qué se hace? Buscar ayuda profesional.

Mi hijo tiene 4 años, y es adicto a los celulares y las tabletas, en cuanto al contenido es variado, pero hubo un tiempo que lo cachamos viendo películas de terror, ahora ya se lo restringimos, pero hacen tremendos berrinches. ¿Qué repercusiones tiene esto?
Una de las repercusiones es que el niño tiene una muy baja tolerancia a la frustración y hay que trabajar para incrementarla. Que haga los berrinches, por supuesto, está ligado a lo que él obtiene al hacerlos. Necesita restricción,

contención, supervisión, límites, autoridad y vivir las consecuencias.

Mi familia me critica porque estoy muy al pendiente de lo que mi hija ve en sus redes sociales, computadora y celular. Me molestan los comentarios de mi familia sobre los controles sobre mi hija de 13 años. ¿Qué debo hacer?

Pues debes de aguantarte la critica que recibes porque creo que finalmente estás haciendo lo correcto.

¿De verdad habrá un atraso importante para quién no esté familiarizado y alfabetizado desde chico con las nuevas tecnologías?

Sí, es altamente probable que exista un atraso en su desarrollo y sobre todo en la interacción con el medio ambiente. Las redes sociales son lo de hoy, el internet es lo de hoy. Hay chicos que no tienen acceso a estos medios por falta de recursos, pero si la sustracción del chico es sólo por una idea de los papás, quedará rezagado. Comentábamos en algún momento que en algunas escuelas ya mandan las tareas por internet. Los chicos reciben información por diversos medios, entonces, claro que habrá un atraso o una dificultad para poder responder favorablemente a este funcionamiento si sus padres se los prohíben en su totalidad.

Recordemos, y con esto cierro este consultorio para padres, que el problema no son las redes sociales o una computadora en sí misma, todo depende del uso o abuso de estos medios. He puesto un ejemplo que me parece casi exacto: el cuchillo. Éste lo podemos usar para cortar la carne, pero también sirve para matar. Eso no significa que el cuchillo en sí mismo sea el malo, significa que lo malo es lo que tú hagas con él. En el caso del internet y de las redes sociales sucede exactamente lo mismo, no tenemos que satanizar el uso de los dispositivos electrónicos, sino que tenemos que corregir o evitar su abuso o mal uso.

Miedos más comunes de los papás:

- Ciberbullying.

- Ciberacoso.

- Los tiempos que sus hijos pasan frente a las pantallas.

- Que sus hijos sepan más que ellos y no puedan apoyarlos o supervisar de forma adecuada.

- Acceder a material inapropiado.

- Utilización de información con fines ilegales, fraudes, suplantación de identidad o secuestros.

- La adicción o la obsesión por los aparatos electrónicos.

¿Cómo mejorar las relaciones sociales y familiares a pesar de las redes?

Educar con el ejemplo

Es importante que nosotros, como padres, estemos conscientes de que gran parte de nuestra conducta y de nuestro comportamiento será imitado por nuestros hijos. En la medida en que nosotros tengamos un mal uso o un exceso en el uso de los dispositivos electrónicos, en esa medida nuestros hijos copiarán e imitarán estos comportamientos. No es poco común encontrar a chicos que dicen: «¡Cómo es que tú me restringes a mí el uso de las redes sociales, si tú estás pegado o pegada todo el tiempo al teléfono!», entonces, creo que una de las primeras cosas que tenemos que hacer es empezar a educar con el ejemplo, y empezar a tener un uso moderado y sobre todo un uso apropiado, en espacios y lugares deseables para los dispositivos. Educar con el ejemplo nos permitirá mejorar las relaciones con toda nuestra familia.

Por otro lado, también tenemos la restricción del uso de los dispositivos por parte de los padres y de los demás miembros de la familia o de los grupos.

Podemos también recurrir a la práctica constante de algún *hobby* o pasatiempo. El primer paso es encontrar este pasatiempo, primero tendrás que saber cuál es el *hobby* ideal, explícales a tus hijos qué es un *hobby*, y después ayúdalos a encontrar alguno, apóyalos para que vean qué es lo que les late, qué es lo que lo que les interesa, les gusta, y de ahí tal vez podrían encontrar un *hobby* diferente a los videojuegos, a las tabletas o el uso desmedido de celulares.

Todos sabemos que existen muchos otros *hobbies*, y que van desde coleccionar cosas hasta armar cosas; todo lo que tiene que ver con estos pasatiempos tradicionales que incluso nosotros mismos tuvimos.

También es importante que para promover el uso racional de los dispositivos electrónicos, tengas la posibilidad de llegar a acuerdos con otro tipo de personas, como los papás de sus amigos o tus familiares —como lo dijimos páginas atrás—, para generar algunos tipos de redes de apoyo respecto al uso de los dispositivos.

Muchas veces, resulta que me entero de lo que nuestros hijos están haciendo en distintas páginas. Si lo sé y lo conozco, aunque esto lo haya hecho mi hijo con algún amigo —y no estoy diciendo que forzosamente sea para culpar al amigo—, podemos generar una red de apoyo, lo podemos empezar a compartir, comunicar, y podemos alertar a otros padres de familia de distintas situaciones, para que juntos busquen mecanismos y recursos a través de los cuales podamos meter frenos, controles, límites y reglas respecto al uso de los dispositivos.

Como verás, es muy amplio el tema de lo que se puede hacer respecto al uso de los dispositivos con nuestros hijos, pero siempre debemos buscar e ir más allá de la restricción o la prohibición, estos recursos son sólo una parte (y a ellos les cae muy mal).

¡Y ahora, la familia!

En este punto me quiero referir a la familia extendida: abuelos, tíos, primos, pero también a amigos, amigos de la familia, tías, etcétera. A toda esta gente que conviven con nosotros en distintos momentos.

Si en casa nos hemos puesto como regla restringir el uso de los dispositivos, es importante comunicarlo. Es un hecho que será complicado que, si tú tienes cierta restricción o contención de uso de redes con los miembros de tu familia, y de pronto llegues con los tíos, los primos, los sobrinos y de pronto nadie platique porque «cómodamente» están todo el tiempo metidos en los dispositivos electrónicos.

Podemos aliarnos un poco con la familia y compartirles nuestras reglas, de tal manera que sea un acuerdo general, así promoverán reglas saludables para las reuniones.

¿Por qué? Porque con este tipo de acuerdos les daremos a nuestros hijos acceso a otras cosas y actividades. No es raro encontrar a chicos que digan: «Wow, me la pasé súper bien, fue muy divertido», «no se me había ocurrido, esto está padre, ¡a ver cuándo lo repetimos!». Estimular la imaginación y la participación, de tal manera que tu hijo te diga: «¡Mira, ahora se me ocurrió hacer otra cosa!», y esto tiene que ver con la convivencia, y con la atención presencial de los padres que dan una atención enfocada y mucho más divertida.

Puedes organizar tus propias reuniones sin el uso de dispositivos familiares o sociales donde abiertamente se diga que ésa será la regla, hazlo incluso en son de juego (sin perder autoridad).

Imagínate que de pronto tienes una fiesta de disfraces,

pues ahora puedes hacer una invitación sin teléfonos celulares y sin pantallas.

¡Desarrollemos estrategias desde la imaginación!

Otra manera de reforzar las relaciones familiares y sociales es buscar la práctica sistemática de algún deporte que permita a tu hijo no tener tanto tiempo de ocio invertido sólo en la computadora, y esto promoverá no solamente una mejor salud física sino también una mejor salud mental, un alejamiento evidente de los dispositivos electrónicos.

Ya hemos mencionado hasta el cansancio que si tú no restringes el uso de un dispositivo en tu familia, es altamente probable que se siga con un uso excesivo, y para ello también hay algunas otras recomendaciones. Manejar los excesos te ayudará a tener mayor comunicación presencial.

Vamos a hablar de algunas de estas recomendaciones.

En primera instancia, es importante de verdad que en casa generemos ambientes familiares armónicos y divertidos. Es increíblemente elevado el índice de familias que si no usan los dispositivos electrónicos se aburren, son familias secas, aburridas, calladas, son familias en donde no hay intercambio, en donde no es divertido estar en familia. Entonces, entre estarnos viendo la cara todos o entre estar oyendo regaños, reproches, llamadas de atención o permanentemente lecciones de vida para corregir todos mis comportamientos, evidentemente lo que un chavo va a preferir es estar pegado a su dispositivo electrónico. Lo usarán hasta como una forma de evadirnos.

Por esto y muchas otras cosas benéficas, resulta importante generar ambientes armónicos y divertidos; no estoy diciendo que nos tenemos que convertir en payasos o en animadores de fiesta.

Estoy hablando de que por lo menos sea agradable y entretenido estar en casa y convivir con los demás miembros de la familia, porque finalmente si esto no es entretenido ni divertido, los chicos volverán a voltear hacia sus pantallas.

Además, tenemos que recordar que uno de los factores de protección más importantes para nuestros hijos es el de protección, que nos va a ayudar a evitar las vicisitudes del entorno de una manera inapropiada, sino que las vamos a enfrentar con armas, con herramientas para que les vaya mejor.

Y es justamente el ambiente familiar armónico un medio por el que se promoverá que los chicos, cuando tengan alguna dificultad y algún problema, se dirijan hacia casa, en lugar de irse a la calle. Para ello, además de generar ambientes familiares armónicos y divertidos, también se recomienda realizar actividades familiares ajenas a los dispositivo, como los típicos juegos de mesa, platicar, salir a caminar, a visitar alguna plaza, ir a un parque, sacar la pelota, la bicicleta, los patines, jugar con el yoyo o el trompo, cosas que parecen obsoletas o primitivas, pero que en un momento dado pueden apoyarnos a promover otro tipo de actividades con los chicos.

Además de alejar a los chicos de estar pegados a los dispositivos, también estaremos conviviendo en familia. A veces los chicos terminan —no siempre, por supuesto—, agradeciendo la limitación que les damos del uso de los dispositivos.

¡Y ahora, las reglas!

También tenemos que establecer reglas de convivencia, reglas que puedan en algún momento dimensionar el uso y evitar el uso exagerado de redes y pantallas. Existen muchos tipos de reglas, desde las que son muy rígidas, en donde familias enteras a la hora de los alimentos tienen estrictamente prohibido utilizar cualquier tipo de dispositivo.

También hay reglas más flexibles que tienen que ver, por ejemplo, con que si necesitas estar al pendiente de tus redes sociales por un asunto de trabajo, sea aceptado, o si es algo urgente o realmente importante; siempre en el entendido de que realmente cualquiera de nosotros podría tener una emergencia o una cuestión laboral que necesitamos responder. Esto implica que cada uno de los miembros de la familia ponga el ejemplo y actúe en congruencia con las reglas. Debemos ser sensatos con cada regla, en primera instancia, para aprender a dimensionar y priorizar lo que es o no importante para cada uno de nosotros.

Hay diferencias en las prioridades. Por ejemplo, para nuestro hijo puede ser sumamente importante quedar con los amigos para ver a dónde van a ir en la noche, o para tu hija es prioritario contestarle al novio, que en ese momento le escribió. Entonces hay que poner las prioridades de cada uno en una balanza y tomar decisiones para las reglas.

Un poco lo que se hace es poder dividir cuestiones laborales, cuestiones de trabajo y, en algunos momentos con los hijos, de escuela con cuestiones sociales, de entretenimiento, de vinculación entonces ésas serían las que tendrían que estar mucho más limitadas, pero claro, por supuesto se hace alusión a la sinceridad y a la honestidad de cada uno de nosotros.

Por ejemplo, en reuniones familiares como Navidad o en la celebración de fin de año, muchas familias hasta ponen multas en forma de juego a quien use un dispositivo electrónico. ¿Por qué? Porque, de verdad, bloquea la comunicación, el intercambio, la convivencia. Otras familias que he atendido, deciden que al entrar a la reunión tienes que dejar en una canasta tu celular con el fin de promover la comunicación. Hay quienes se desesperan y enloquecen. Otros, simple y sencillamente, lo aceptan.

Hay que evitar que el dispositivo electrónico forme parte de nuestra vida y se apodere finalmente de ésta.

El chiste es limitar y contener los tiempos de utilización de los dispositivos electrónicos. Esto también es una herramienta que nos permitirá, a nivel familiar, poder establecer vínculos más cercanos. Es increíble ver a una familia que vive en un departamento pequeño, la siguiente escena: mamá está en un cuarto, mientras que el hijo está en otro cuarto, pero se comunican vía WhatsApp, para evitar pararse y tener contacto.

Es por esto que el refuerzo de la comunicación presencial tiene que ser algo propositivo, tiene que ser algo intencional. Las reglas y la disposición de los papás y los familiares ayudan mucho.

Generar reglas también tiene una función directa en la promoción de vinculaciones presenciales, de vinculaciones que tengan mucho más que ver con el contacto, con el desarrollo de habilidades sociales como la empatía, la consideración, la asertividad, el sentido del humor; desarrollar habilidades para ser buen conversador en su adultez; conocer y aprender de los demás. Todo esto lo vamos a lograr a través de las reglas.

Definitivamente uno de los elementos que más ha cambiado la dinámica de las familias hoy en día es el uso desmedido de los dispositivos electrónicos.

GUÍA Y CONSEJOS:
SUPERVISIÓN

¿Cómo alertar de las consecuencias y los peligros en internet? Aquí te daré una breve guía con algunas sugerencias para evitar que tus hijos caigan en situaciones incómodas, y en ocasiones hasta graves para ellos, para ti y/o para tu familia. Primero que nada, recuérdale a tu hijo que cada acción genera una reacción, y que sus acciones en internet, como en la vida cotidiana, tienen consecuencias. Has mucho hincapié en que es falso el supuesto anonimato de internet. Qué si bien puede protegerse un tiempo, a la larga suele saberse quien hace cada cosa. Asumir esta parte, a cualquier edad y en cualquier circunstancia, es importante, ya que significa asumir la responsabilidad del momento.

A continuación, algunos comentarios al respecto.

Hablar con la familia y crear consciencia

Indudablemente, una de las grandes recomendaciones que suelen hacerse para éste, y muchos otros temas con la familia y los hijos, es la comunicación. Hablar de los temas relevantes puede causar temor, pues podemos llegar a pensar que comentarlos será promotor de conductas o formas indirectas de inducirlos, esto suele pasar, por ejemplo, cuando hablamos de sexualidad con nuestros hijos. En el tema de las relaciones sociales, solemos muchas veces creer que, al no hablarlo, estamos protegiendo a nuestros hijos de darles información innecesaria y fuera de su edad o de contexto. Sin embargo, la realidad nos demuestra que cuando pensamos que tal vez ya sea tiempo, ya puede ser demasiado tarde. Tenemos que pensar que, tanto en éste como en otros temas, la prevención es más importante que la corrección de conductas. Recuerda que las redes sociales también son un tema de educación y de formación. A través de la comunicación, de los lineamientos, los límites, el ejemplo y las ideas que transmitas podrás crear una primera y muy importante capa protectora. Claro, sin olvidar al que algunos le llaman el menos común de los sentidos, que es el sentido común.

Sobre información a publicar

Es claro que debemos tener algunos parámetros y guías generales que debemos transmitir a nuestros hijos cotidianamente respecto al uso del internet y de las redes sociales. He aquí algunas de las recomendaciones generales que tenemos que hacerles saber.

1) Las palabras e imágenes que nuestros hijos, nietos, sobrinos publiquen en internet, pueden tener consecuencias fuera de internet, como en el caso del adolescente que les conté, quien fue extorsionado para que no se revelaran esas imágenes en su escuela. Otros ejemplos podrían ser situaciones vergonzosas que podríamos subir a la red

y que posteriormente no puedan ser borradas. Recuérdenles que, en algunos trabajos, e incluso para conseguir una visa para visitar algún país, ya están accediendo a las redes sociales de los candidatos. Esto puede tener implicaciones importantes.

2) Los niños y adolescentes deben publicar sólo aquello que no les moleste que sea visto por otras personas. Esto es un asunto de conciencia y responsabilidad que debemos transmitir. Cualquier cosa que sea lo suficientemente «privada» como para que eviten que sea visto por sus padres, podemos suponer que no es bueno o adecuado. Y esto generalmente pierde la connotación de privado para convertirse en algo secreto. Y lo secreto en los hijos no suele ser deseable.

3) Tus hijos deben estar conscientes de que la información o imágenes que se publican en internet (por ejemplo, en Facebook, Twitter u otras redes sociales) no se pueden eliminar nunca del todo.

4) Otra de las cosas más importantes es limitar la información que se da. Papá, mamá, debemos involucrarnos poco a poco en el mundo de la tecnología para saber, para conocer; pero si no tienes las herramientas o los conocimientos a tu alcance, acércate a alguien que sí los tenga para que te ayude a configurar la seguridad de las cuentas y a supervisar los contenidos, el control de padres y a revisar el historial de las búsquedas y los movimientos de tus hijos. Ésta es otra gran herramienta para crear una nueva capa protectora. Cada aplicación o navegador de internet (Internet Explorer, Google Chrome, Mozilla Firefox y Safari; entre otros) tienen configuración de privacidad y seguridad. Muchas tabletas o dispositivos también tienen aplicaciones para «modo niños», donde se configura el

acceso a ciertos tipos de información. Los chats —que son aplicaciones, como WhatsApp— tienen menús para configurar la privacidad y la seguridad; filtros que tendrán mayor efecto cuando hables con tus hijos.

5) Ayuda a tus hijos a comprender qué datos son personales y cuáles de estos puede publicar y cuáles deben permanecer privados. Como ejemplos: la dirección de casa, nombres completos, nombres completos de familiares, números telefónicos o de cuentas bancarias o tarjetas de crédito, deben permanecer privados.

6) Pídales a sus chicos que creen un nombre de pantalla seguro. A esto se les llama nombres o *nicknames*. Finalmente será la manera en la que se les identificará en esa página en particular y en algunos casos, en todo el sistema de internet. Alienta a tus hijos a pensar en cómo se oye lo que ponen y en la impresión que pueden causar los nombres de pantalla.

7) Revisa la lista de amigos de tu hijo. Redes sociales como Facebook tienen la posibilidad de limitar las publicaciones sólo a tu grupo de amigos y no hacerlo visible para todo el que llegue a tu cuenta; Twitter, por otro lado, tiene la opción de publicar ciertas cosas para un grupo específico. Si en la vida real averiguas quienes son los amigos de tu hijo, más aún deberías hacerlo en el mundo virtual.

Sobre identidades falsas

1) Enseña a tus hijos que no lo hagan y habla de las implicaciones que tiene le hecho de fingir ser otra persona (suplantación de identidad), esto puede generarles problemas innecesarios e incluso es considerado un delito.

2) Tampoco es correcto o deseable que los chicos creen páginas o blogs con materiales o nombres de alguien más —por ejemplo, un maestro o compañero—, podrían involucrarse incluso en problemas legales sin motivo ni necesidad. El esconderse en el supuesto anonimato, puede traer riesgos muy altos, pues muchas veces se descubre de muy variadas formas que ellos ni imaginan.

3) También debes hacer consciente a tus hijos de que no todos esos desconocidos que tocan la puerta de su red social y se acercan para conocerlos, intercambiar preferencias, o ser simplemente «buena onda», son quienes dicen ser. Dudar es importante y necesario.

Sobre contenido sexual

Habla con tus hijos sobre evitar las conversaciones de contenido sexual en internet. Es importante, repito, que la comunicación, la educación, la supervisión y la contención sea la base. Date tiempo de hablar con tus hijos, sobre todo en temas como éste. Las conversaciones con contenido sexual pueden ser muy emocionantes, morbosas, entretenidas y hasta divertidas, pero generalmente traen problemas consigo.

Sobre lo que hacen en internet

1) Ten tiempo para conversar con tus hijos y para enterarse de lo que están haciendo en las redes sociales, así como lo que hacen en la vida real.

2) Familiarízate con las redes y con las novedades en internet. No es complicado; sólo es acercarse a las pantallas

y entender un poco; si estás comenzando, ten a mano algún amigo, hermano, sobrino, etcétera, que te pueda apoyar en el entendimiento de las redes sociales, el internet y la seguridad de tus hijos.

3) Pregunta a tus hijos con quiénes se comunican en internet, en redes sociales... Del mismo modo que quieres saber quiénes son los amigos de tus hijos en la escuela, en el futbol, en la clase de baile, en las redes también hay que enterarse.

4) Desarrollar la intuición. Este punto es muy importante: anima a tus hijos a confiar en sus instintos, dales la confianza de decirte, confesarte o preguntarte cuando tengan alguna sospecha o si se sienten amenazados o incómodos por alguna persona con algo que ven en internet. Cuida tus reacciones y la forma en la que abordas estos asuntos, pues a veces lo que sucede es que por malas formas nuestras, obstaculizamos la comunicación y la confianza. Además, tus hijos deben saber que la mayoría de sitios tienen enlaces o espacios específicos para reportar comportamientos abusivos, sospechosos o inapropiados, y que no es de «maricas» o cobardes reportarlos.

¿Qué es normal
y qué es anormal?

Como todo en la vida y en las actividades que realizamos, desde la escuela, la casa y el trabajo, muchas actividades terminan cayendo en el terreno de la normalidad y anormalidad. La tecnología, dado que se ha incorporado a nuestra vida como algo cotidiano (e incluso intrusivo), ha establecido sus reglas sociales, su normalidad y anormalidad.

Algunas consideraciones de lo que se contempla cómo normal (o deseable) son las siguientes:

· Que tu hijo al menos tenga tres años cumplidos para que comience a experimentar con los aparatos y la tecnología. Antes, en el mejor de los casos, sólo a cuenta gotas.

· Algo muy normal y deseable, es poner límites respecto a su uso; es fundamental no sólo en los temas relacionados con la tecnología, por supuesto.

· Los límites, desde el principio, también nos sirven para introducir poco a poco al mundo de las pantallas a nuestros hijos y evitar su uso excesivo.

· El ejemplo por parte de los padres es importante, por lo tanto, algo normal (y muy deseable) es que nosotros, los guías, usemos los aparatos de manera moderada y en tiempos restringidos y específicos.

Algunas consideraciones sobre lo anormal (o indeseable), serían las siguientes:

· El uso excesivo de la tecnología, por ejemplo, más de tres horas al día.

· Sustituir tu presencia o usar de «nana» a una computadora, un videojuego o cualquier tipo de pantalla.

· Fomentar su uso para lograr que tu realices tus actividades sin que demanden tu atención.

· Que exista una obsesión por los aparatos, un uso excesivo o que sea motivo de berrinches y conflictos. Recuerda que una adicción se considera cuando el deseo por el objeto deseado es preferible por encima de los problemas que te ocasiona.

· El aislamiento.

· Preferir un aparato en lugar de salir a jugar con sus amigos o compartir con la familia.

- Utilizarla como mecanismo de contención o amenaza para que los hijos hagan lo que queremos que hagan, o dejen de hacer lo que no queremos que hagan.

Aprender y enseñar a identificar

Uno de los temas que más nos ha ocupado en este libro, es el tema de identificar los riesgos y peligros, y hemos repetido hasta el cansancio, como solemos decir, que la educación y la comunicación es algo primordial, es una de las columnas vertebrales que en este tema nos ocupa. Dentro de ese ámbito educativo, tenemos, por supuesto, que hablar con nuestros hijos sobre lo que pueden encontrar en la red, como el contenido inapropiado e indeseable (pornográfico, violento, obsceno, drogas y demás). Cómo se ha dicho, se cree que la información que se les da puede ser alentadora para ellos y que esto pueda despertar la curiosidad cuando aún no la tienen. Sin embargo, es sabido que la única forma de aminorar los riesgos, es conociéndolos.

Es un hecho que los grandes beneficios de internet, que son muchos e inabarcables, no están disponibles exclusivamente para las personas bienintencionadas o para las almas caritativas. No. También, dentro de ese universo virtual —como lo es el universo real— también encontramos acosadores, tratantes y estafadores. Y es importante que nuestros hijos sean conscientes de lo que significan esas palabras que al principio del libro aclaramos, como *sexting, grooming, ciberbullying*, fraudes, etcétera.

Algunas reglas básicas e importantes para el uso seguro y deseable de redes e internet

· No chatear o hablar con desconocidos. Recuerda que en internet no todos son quienes dicen ser. Existe la suplantación de identidad, con fines terribles para tu familia.

· Tener cuidado con el uso de la cámara fotográfica o de video, tanto la que trae el propio dispositivo como las llamadas cámaras web. No enviar material o imágenes a quienes no les tienes la suficiente confianza. Y si envías material, que sea un material del que nunca te puedas arrepentir si alguien más revisa, usa o distribuye. Para eso, revisa y piensa dos veces antes de subir tus imágenes a las redes sociales.

· Que tu hijo tenga como regla no asistir a ninguna cita con alguien que conoció a través de redes sociales o internet. Tu hijo tampoco debe aceptar regalos de desconocidos y menos ir por ellos a algún lugar. Con falsas promesas o con falsas identidades, diferentes maleantes recurren a esta práctica. Piensa que si lo hacen con cien niños o jóvenes... Bueno, aunque lo hagan con mil, con uno que caiga es suficiente. Ésta es su forma de actuar

· No permitir que tu hijo tenga cuenta en una red social, si no tiene la edad mínima permitida. Y si por cualquier razón lo autorizas, la única manera permitida debería ser con una estricta supervisión de tu parte. Si no lo autorizas, pues un error más delicado es que la tengan. Revisa las políticas de uso.

- No revelar contraseñas o información personal a desconocidos o a gente en quien no confíes. Incluso en ocasiones, ni siquiera a personas en las que aparentemente confías (ejemplo, un amigo o el novio o la novia, que de momento puede ser confiable, pero no a largo plazo).

- No comprar nada en internet sin permiso o supervisión de los papás. Los chicos a veces se las arreglan para tener una copia de la tarjeta de crédito de papá o mamá, y sin autorización, realizan cargos por internet. Parece algo descabellado o increíble, pero créeme, sucede.

- Genera en tu hijo la confianza de confesarte si recibe amenazas o comentarios que son indeseables. Él debe saber que lo primero que debe hacer al sentirse intimidado o asustado por alguna razón, es avisar a sus papás o tíos sin miedo. De esto tiene que tener la certeza siempre. Una vez más recomiendo que controles tu reacción, pues puedes generar que nunca más se vuelva a acercar a ti para comentarte nada.

- Así como nosotros enseñamos a nuestros hijos a avisar cuando viven el *ciberbullying* (o cualquier otra situación indeseable), ellos deben estar conscientes de que tampoco pueden ejercer estas prácticas por ningún motivo.

· Usar un lenguaje apropiado en la red. Hablar correctamente no debe ser sólo una práctica verbal. Me parece que también escrita.

· En el caso de los videojuegos, cada uno tiene su categoría y debemos respetarla como una regla familiar general. Hay videojuegos con las siguientes clasificaciones de edad: 3+, 5+, 7+, 12+, 16+ y 18+. Usa sólo los adecuados para la edad de tu hijo. Es claro que tu hijo muchas de las veces estará más interesado en los juegos de más edad. Si todos cumpliéramos con esta regla, sería menos complicado seguirla. Cuando hablemos de videojuegos, no permitas tampoco que se rebase, por lo menos no considerablemente, el tiempo que has determinado o que se recomienda para esa actividad.

· Planificar el tiempo de estudio y el de ocio. Y dentro de este último, considerar que no todo debe ser en la pantalla. El tiempo que va a pasar tu hijo entretenido debe contener también actividades diferentes a un videojuego o pantalla.

· Entre juego y juego o en lapsos de 30 minutos aproximadamente, se recomienda descansar 15 minutos. Así se evitará la fatiga visual y se disminuirá la adicción.

Consejos para mamás y papás primerizos en redes

La primera sugerencia que siempre les doy a los papás —y que he venido repitiendo a lo largo del libro— es que se informen, que se familiaricen con el uso de internet y con las redes sociales. Creo que ya no es tan válido escuchar a un papá o mamá decir que ellos «no le saben a esto» o que «no les ha interesado aprender». Esto no sólo te ayudará a comprender el mundo en el que está tu hijo, sino que también para ti puede ser todo un descubrimiento. Puede ser la puerta a muchos aprendizajes: lecturas e información, claro, siempre con las medidas de protección adecuadas.

Es fundamental hablar abiertamente con los chicos sobre el uso de internet, éste es mi segundo consejo. Habla con ellos, otórgales esa confianza tan necesaria siempre por parte de los padres. Parte de esta confianza se puede establecer con actividades como navegar por internet juntos, o si tu hijo ya está en edad de abrir una cuenta en redes sociales y te lo pide, háganlo juntos, y revisen muy bien los términos de privacidad —evidentemente, para esto debes irte informando—.

Si de pronto una tarde recibes un recado de la profesora de la primaria o secundaria con la instrucción de que los chicos estén en una computadora o tableta; o un aviso de que en la escuela han empezado a usarlos, te sugiero que preguntes en la institución qué políticas de seguridad siguen. Esto te servirá para varias cosas, entre ellas, que puedas tomar esas medidas de seguridad y que estés tranquilo en relación a la seguridad que tu hijo o hija tiene en la escuela.

El tema la seguridad es primordial. Casi como un tema de la vida diaria —cuando se establecen reglas u horarios para la comida o el tipo de comida en casa—, debemos establecer reglas básicas de seguridad en nuestra casa, en parte es nuestra responsabilidad que nuestros hijos naveguen en el mundo virtual con seguridad.

Si en algún momento te encuentras con comentarios de tu hijo como «siento que se burlan de mí», «no me gusta, tengo temor», no lo minimices, ve con él, revisa y reacciona a tiempo.

Recuerda: si las redes y el internet forman parte de la vida de tus hijos, también forman parte de TU vida. A tus hijos los cuidas en la vida real y en la virtual.

Los padres tenemos la responsabilidad de conocer y educar a nuestros hijos, no sólo sobre el uso correcto de las herramientas tecnológicas, sino en todos los demás ámbitos.

No es necesario convertirte en experto de la tecnología para iniciar su educación digital, ya que es más importante preocuparte por ver con quiénes hablan, de qué hablan, qué relaciones construyen, en qué comunidades participan, etcétera, así como establecer las reglas para el uso de internet en casa, al igual que para cualquier otra situación cotidiana.

3 REGLAS BÁSICAS PARA PROTEGER A MI HIJO DE LOS PELIGROS DE INTERNET

1ª SUPERVISIÓN

2ª SUPERVISIÓN

3ª SUPERVISIÓN

Ejercicio para poner límites

Este tipo de ejercicios, actividades o ejemplos les dará tranquilidad no sólo a los padres, sino que sus hijos se sentirán más seguros y pasarán más tiempo disfrutando del lado positivo de la socialización en redes sociales. Evidentemente, no se trata de que, dada la comodidad, vuelvan a estar horas y horas frente a una pantalla.

Habla con tus hijos y establece límites

Intenta establecer algunos límites con tus hijos respecto a su uso de las redes sociales y pantallas. Les sugiero comenzar a pensar y poner algunas reglas, comunícalas a la familia. Algunas ideas son:

· Dediquen en familia sólo un tiempo determinado de uso de pantallas, celulares, juegos o redes. Avisa cuál es esa nueva regla que autoriza a tus hijos a estar conectados a internet.

· Comparte información. Infórmate lo más que puedes y transmítele a sus hijos qué contenido es apropiado para compartir en redes, ajusten juntos las reglas de privacidad de sus cuentas.

· Habla con tus hijos sobre los desconocidos que quieran establecer contacto con ellos a través de las redes sociales. Hay grupos criminales que generan perfiles falsos y se intentan hacer «amigos» de tus hijos con tal de abusar de su confianza, podrían ser pederastas o acosadores cibernéticos.

· Inventen situaciones que impliquen desfavorablemente el uso de internet y planteen que harían en estos casos. Es decir, realicen simulacros tanto para personas desconocidas, como para acosadores. Ciberbulling y alguna otra cosa que pueda ocurrírseles. El juego de «¿tú qué harías si...?», puede funcionar muy bien.

Practica la seguridad en la navegación y el sentido común

Son muchas las cosas que pueden hacer para proteger a tu familia contra la invasión de la privacidad, la suplantación maliciosa y el robo de identidad. Algunas que te sugiero, son las siguientes:

· Comprueba que ninguna persona se haga pasar por tus hijos. Busca los nombres de tus hijos en internet y también variaciones de los nombres y apodos. Es aconsejable hacer esto a menudo.

· Revisa las listas de amigos de tus hijos, y con-
temple la posibilidad de permitirles que sean
amigos únicamente de la gente que conocen
personalmente.

· Anímate a conocer las redes sociales, sin ser in-
vasivo, puedes compartir esta experiencia con
tus hijos. ¡Usa la tecnología!

· Confirma que la seguridad de sus equipos esté
al día a través de antivirus, o *software* que los
proteja de amenazas.

Queridos lectores, papás, mamás, tíos, abuelos, hijos, espero que este libro sirva para mejorar su vida cotidiana, y
que la —a veces apabullante— realidad y modernidad sea
usada en su favor y no se convierta en una pesadilla o en
un mal momento.

¡Auxilio! Las redes sociales y mis hijos
de Juan Pablo Arredondo
se terminó de imprimir y encuadernar en julio de 2017
en los talleres de Diversidad Gráfica, s.a. de c.v.,
Privada de Avenida 11, 4-5 | Col. El Vergel | cdmx | 09880